LES LANGUES

ET

LES RACES

PAR

H. CHAVÉE

> [illegible]

Prix : 2 francs

PARIS
CHAMEROT, LIBRAIRE-ÉDITEUR,
RUE DU JARDINET, 13
1862

LES LANGUES

ET

LES RACES

Paris. — Imprimerie de L. Martinet, rue Mignon, 2.

LES LANGUES

ET

LES RACES

PAR

H. CHAVÉE

> « Deux langues radicalement diverses supposent nécessairement deux variétés primitives de l'organisation cérébrale propre à notre espèce. »
>
> (Page 8.)

PARIS

CHAMEROT, LIBRAIRE-ÉDITEUR

RUE DU JARDINET, 13

1862

AVANT-PROPOS

Ceci est la démonstration d'une thèse de linguistique au profit de l'histoire naturelle de l'humanité.

Bien que je sois profondément convaincu de l'unité de notre espèce, bien que ma foi philosophique me montre en Dieu le type éternel de l'homme indéfiniment participable sans être jamais divisible, je vais établir scientifiquement la pluralité originelle des races humaines en démontrant la diversité radicale, la séparation absolue du parler des Sémites et du parler des Ariens.

Avec tous les philologues, sous la dénomination très fautive de *Sémites*, j'entends les Hébreux, les Phéniciens, les Syriens, les Arabes et les Abyssins.

Sous le nom d'*Ariens* ou d'*Indo-Européens*,

je comprends les Hindous, les Iraniens, les Celtes, les Germains, les Slaves et les Pélasges ou Gréco-Romains.

Cette grave et décisive question, résumée déjà dans la préface de ma *Lexiologie indo-européenne* (1849), je l'ai développée une première fois dans la *Revue philosophique et religieuse* (mai et juin 1855), sous le titre de *Moïse et les langues*. Ai-je besoin de dire que ce premier travail a été singulièrement amélioré par six nouvelles années de recherches et de méditations ?

Février 1862.

LES LANGUES

ET

LES RACES

> Il n'existe qu'une nature, qu'une espèce humaine, nul doute ; mais l'espèce humaine a-t-elle eu un seul ou plusieurs centres de formation ? En d'autres termes, y a-t-il dans l'humanité des races primitivement diverses, ou provient-elle d'un couple unique ? Il est évident que c'est la science qui prononcera sur cette question, et CETTE QUESTION EST LE FONDEMENT DE TOUTE LA THÉOLOGIE DOGMATIQUE.
>
> (LAMENNAIS, Introduction à la *Divine comédie* de Dante, p. IX.)

Par *race*, j'entends une variété primitive de l'espèce humaine.

Par *langue*, j'entends l'organisme syllabique primordial dans lequel chaque race a incarné spontanément les produits de son organisation intellectuelle particulière.

Ainsi, chaque langue n'est qu'un complément naturel de l'organisation humaine anatomiquement, physiologiquement et psychologiquement spécialisée dans chaque race. Les différences caractéristiques de la cause productrice (telle organisation cérébro-mentale donnée) se retrouvent forcément reflétées dans les effets produits. Mettre dans sa langue ce qui était dans sa tête et de la manière dont cette tête sentait et comprenait, voilà l'œuvre commune, première, spontanée et inévitable de chaque race. De là, par exemple, des corollaires tels que ceux-ci :

La race chinoise est à la langue chinoise comme la race indo-européenne est à la langue indo-européenne.

Telle race, telle langue, et telle langue, telle race.

Une seule race ne pouvait créer deux langues.

Et encore :

Deux langues radicalement diverses supposent nécessairement deux variétés primitives de l'organisation cérébrale propre à notre espèce.

Un dernier corollaire que je soumets au tribunal de la science :

Si les langues sont entre elles comme les organisations cérébro-mentales des races qui les ont spontanément créées, ne pourrait-on pas retrouver, dans chaque tout vivant appelé *langue*, la quote part de coopération instinctive que prirent à sa production les diverses facultés de l'esprit humain en tant que spécialisé dans le cerveau de chaque race? En d'autres termes : y a-t-il un rapport intime entre l'archéologie psychologique d'une race et la structure particulière de ses formes lexiques et grammaticales?

Les faits de création des vocables et de leurs séries naturelles étant des faits contemporains des premiers développements de chaque race, il importe d'abord de s'assurer par un parallèle rigoureux de ces faits, s'il n'y a point lieu de leur supposer un certain fonds commun, quelque chose qui implique une seule et même origine.

Ici se présente d'elle-même une question préliminaire : Comment la science comparative et raisonnée des langues, comment la linguistique peut-elle rétablir l'ensemble des formes lexiques et grammaticales composant le parler primitif propre à une race donnée?

Après avoir vécu plein de force et pur de forme, après avoir atteint l'entier développement des énergies internes constitutives de l'âme dont il est la limite, tout organisme ici-bas commence à s'altérer peu à peu dans sa constitution : il s'use, il vieillit, et le voilà qui dépérit encore et encore. Mais, au fond, dans tout ce qui le fait essentiellement lui, Paul vieillard est identique avec Paul adolescent : il n'y a là que deux états, deux modes d'être et deux âges du même être individuel. Or, je le répète, une langue est un organisme vivant, le corps syllabique revêtant la pensée qui en est l'âme, l'essence, la cause productrice inconsciente.

Dans cet être organisé, chaque mot simple, véritable *syngénèse* d'une idée et d'une syllabe où elle s'incarna, constitue un organe à part, et ces organes, par leurs combinaisons diverses, servent parfois à former divers appareils polysyllabiques d'après des lois qui varient selon les races et les lois mêmes de leur pensée aux temps anté-historiques. Eh bien! dans ce tout organique appelé langue, les éléments auditivo-tactiles, les sons et les bruits constitutifs des syllabes sont soumis à des lois de variations maladives, d'altérations plus ou moins profondes, et, tandis que la tradition conserve la plupart du temps l'idée ou l'âme du vocable dans un état de parfaite intégrité, le pauvre corps syllabique de ce même vocable s'affaisse, se ratatine, perd ses dents ou ses cheveux, et devient parfois méconnaissable, au premier aspect, du moins. Qui ne sait, par exemple, que dans les mots *dérivés* ou *composés*, certaines syllabes gagnent par l'accentuation des hypertrophies de sonorité tellement monstrueuses, que leurs pauvres associées, les plus voisines surtout, s'effacent et tombent pour jamais? De là, dans nos langues, ces chutes si fréquentes de voyelles, de consonnes, et même de syllabes non accentuées. De là ces contractions, ces syncopes, où se trahit seul le besoin de parler vite et sans gêne chez des peuples qui ignoraient comment les syllabes prononcées par eux exprimaient ou représentaient ce qu'ils voulaient dire.

Oui, telles que nous les possédons aujourd'hui, et même telles que nous les retrouvons dans les plus vieux monuments écrits, toutes les langues portent les traces indélébiles de certaines maladies chroniques. Seulement, *ces maladies* sont elles-mêmes *soumises à des lois fixes*, et ces lois, la science les reconnait et les formule. Ces accidents pathologiques changent d'ailleurs comme les races, comme les familles de peuples dans les races, comme les branches et les rameaux dans ces familles de peuples. La nature des éléments phonétiques et le mode particulier de structure d'un langage, joints aux différences des milieux physiques et moraux dans lesquels ont successivement vécu les parleurs, expliquent suffisamment ces variétés dans la pathologie phonétique des idiomes.

Or, c'est précisément cette variété des lois pathologiques dans les différentes branches d'une langue primitive qui rend possible, facile et sûre la reconstitution des formes organiques, communes et primordiales. Ainsi, pour ne parler que des langues indo-européennes, si vous prenez chaque mot conservé à la fois dans les idiomes frères les plus anciens, c'est-à-dire les plus beaux, dans le sanscrit, dans le zend, dans l'esclavon, dans le lithuanien, dans le gothique, dans le tudesque (ancien haut allemand), dans le grec et dans le latin, vous serez toujours forcément conduit, *en tenant compte des lois de variation phonétique propre à chacune de ces huit variétés d'une forme commune originelle*, à un seul et même vocable, à un seul et même mot organique primitif. A la contre-épreuve, il faudra, bien entendu, que la forme paléontologique ainsi retrouvée puisse reproduire chacune des huit formes accidentelles du vocable primordial et commun, dès que vous soumettrez celui-ci aux lois de permutation et d'altération qui régissent la vie de chacune des huit langues prises pour base de votre parallèle.

Et maintenant voici venir la grande question de la linguistique dans ses rapports avec l'ethnologie.

Quand est-ce que deux langues peuvent être scientifiquement tenues pour deux créations diverses et radicalement séparées?

1° Quand leurs mots simples ou irréductibles à des formes antérieures n'offrent absolument rien de commun, soit dans leurs étoffes sonores, soit dans leur constitution syllabique.

2° Quand les lois qui président aux premières combinaisons de ces mots simples, diffèrent absolument dans les deux systèmes comparés.

Tel est le double critérium que nous allons appliquer au parallèle des deux plus beaux systèmes d'expressions orales.

Seules, les deux races supérieures, « les deux grandes races nobles », comme dit M. Renan, la race arienne ou indo-européenne, et la race sémitique ou syro-arabe, ont largement conçu l'œuvre de l'incarnation de la pensée dans la parole. Ce sont ces deux vastes créations spontanées, ces produits instinctifs de deux organisations intellectuelles et artistiques différentes que nous comparerons dans les fragments qui suivent. Sans doute, ma démonstration d'une diversité radicale à l'origine eût semblé plus frappante, si j'avais rapproché des éléments essentiels du parler ariaque la parole chinoise, ce système étroit de monosyllabes toujours isolés, et dont pas un, pour citer un élément de séparation profonde, ne contient le R, la consonne vibrante par excellence, l'articulation la plus expressive et la plus répandue des langues de l'Europe et de l'Inde.

Mais, en semblable matière, il importe beaucoup de ne parler à ses lecteurs que de choses qui les intéressent à plus d'un titre et auxquelles ils sont déjà plus ou moins initiés. Or, le lecteur de cette minime dissertation connaît à coup sûr une variété de la parole indo-européenne (1), et, pour peu qu'il appartienne au judaïsme ou au monde chrétien, il possède, au moins à l'état latent, une foule de formes hébraïques (sémitiques), ces formes ne fussent-elles, pour le chrétien, que des noms propres ou des apophthegmes sacrés que la *Bible* accompagne toujours de leur traduction littérale.

Au surplus, le beau livre de M. Ernest Renan sur l'*Histoire générale des langues sémitiques* a magnifiquement préparé les voies aux études de philologie

(1) Le français n'est que le latin gâté, j'allais dire *déguisé*, et le latin, frère du grec, est la branche la plus importante de la famille pélasgique.

syro-arabe et indo-européenne comparées. Il faut ajouter à cela que, depuis trente ans, un nouvel essor a été donné à l'étude de la langue de Job par ceux-là même qui, de bonne foi, la présentaient comme la souche du latin, du grec, et des autres idiomes indo-européens (1).

I

LA PAROLE INDO-EUROPÉENNE.

Il y a quelque soixante ans de cela, un Allemand fort érudit, Jean-Philippe Wesdin, en religion Fra Paolino da San-Bartolomeo, publia des *Recherches sur l'antiquité et l'affinité des langues zend, sanskrite et germanique*. Ce fut la première indication scienti-

(1) Faits en dehors de la science positive des lois phonétiques des deux systèmes comparés, les essais malheureux de ces hébraïsants superficiels ont tous pour archétype l'ouvrage du P. Thomassin, intitulé : *La Méthode d'étudier et d'enseigner chrétiennement et utilement la grammaire et les langues par rapport à l'Écriture sainte*, EN LES RÉDUISANT TOUTES A L'HÉBREU (Paris, Roulland, 1690-1693). Rien de plus simple que la création de ce lit de Procuste : Tous les hommes viennent d'Adam et d'Ève ; or, Adam et Ève parlaient hébreu : donc toutes les langues viennent de l'hébreu.

tique de l'unité originelle des peuples et des idiomes indo-européens. Profitant des travaux philologiques des historiens de l'Inde anglaise, un autre enfant de l'Allemagne, Frédéric Schlegel, reprit en 1808 la thèse de Fra Paolino, et publia, *sur la langue et la sagesse des Hindous*, un livre qui fit en Europe une profonde sensation. Alors vint Franz Bopp, qui, le premier, dota le monde d'une *Grammaire comparative du sanskrit, du zend, du grec, du latin, du lithuanien, de l'esclavon, du gothique et du tudesque.* Cette vaste composition rendit désormais incontestable le fait de l'identité originelle des langues de l'Europe et de l'Inde. Bientôt les Benfey, les Kuhn, les Schleicher et vingt autres avancèrent d'un pied ferme dans la voie qui leur était ouverte, et, grâce à la méthode scientifique que je résumais tout à l'heure, commencèrent la reconstitution, dans ses mots essentiels, de la parole ariaque ou indo-européenne primitive. Nous tenons la première ligne de notre parallèle.

En analysant une langue quelle qu'elle soit, il importe, avant tout, de distinguer soigneusement les formes orales analytiques des formes orales expressives ou exclamatives (interjections).

Écho des émotions profondes de l'âme, l'interjection traduit l'affection du moment, de la minute, plus fidèlement que toutes les descriptions ne pourraient le faire. Par son intonation propre, par ses modulations (elle en a souvent), mais surtout par son timbre, chaque voix interjective *vraie* envahit subitement l'âme de l'auditeur pour la mettre à l'unisson de souffrance ou de joie, d'horreur ou d'admiration. Les mille nuances du timbre vocal propres aux divers états passionnels du cœur humain ne sauraient être figurées aux yeux, et l'écriture nous livre les formes interjectives dépouillées de ce qui en fait l'irrésistible puissance.

Mais s'il ne peut y avoir rien de sérieux dans le parallèle écrit des interjections propres à deux races, il n'en est pas de même des autres parties du discours. Celles-ci, dans les langues indo-européennes, se réduisent en dernière analyse à deux espèces de mots simples qui nous apparaissent dans un perpétuel contraste :

1° Des monosyllabes montrant l'être individuel et la place qu'il occupe : tels sont TA ou SA, celui-ci, ceci ; NA, celui-là, cela ; MA, moi ; TU, toi ; KA, KI, qui, quoi ;

2° Des monosyllabes rappelant une action : GU, mugir ; SPHU, souffler ; STA, STI, STU, STR', presser sur, établir, fixer ; etc., etc.

Les premiers sont les PRONOMS SIMPLES, c'est-à-dire les monosyllabes démonstratifs, déterminatifs, relatifs et interrogatifs avant toute composition, avant toute dérivation.

Les seconds sont les VERBES SIMPLES, c'est-à-dire les syllabes représentatives de l'action séparées des pronoms avec lesquels elles se combinent pour former les verbes conjugués, les participes, les adjectifs et les noms.

Le pronom correspond à la notion de substance ou d'essence comme le verbe correspond à l'idée d'action. C'est un geste oral démonstratif de l'objet perçu. Dans le langage naissant propre à l'enfance d'une race, on ne conçoit guère le pronom isolé du geste visible de la main, de la tête et des yeux. La fonction spéciale du pronom est donc d'appeler et de fixer l'attention sur une individualité quelconque, et, par suite, sur le point de l'espace occupé par cette individualité. Mais si le pronom montre l'objet et sa position relative, il ne le décrit pas, il ne le dénomme pas, il n'accuse aucune de ses propriétés comme le fait le nom, ce composé binaire d'un verbe et d'un pronom.

1. — LES PRONOMS SIMPLES ET LEURS DÉRIVÉS.

En montrant un objet, l'homme a nécessairement la conscience et de sa personnalité, et de l'objet observé, et enfin de l'individu à qui il veut faire partager son observation. Par une syllabe indicative, il peut fixer l'attention, soit sur lui-même, soit sur la personne à qui il s'adresse, soit encore sur une chose quelconque en dehors des deux interlocuteurs. Dans les deux premiers cas, le monosyllabe pronominal sert à désigner l'un ou l'autre des deux *personnages* entre lesquels a lieu la conversation, et c'est à juste titre que le pronom reçoit alors le nom de *personnel*. Par une extension de sens quelque peu hasardée, on a donné le nom de *pronoms de la troisième personne* à tous les autres vocables démonstratifs ou déterminatifs.

Or, dans le système ariaque ou indo-européen, MA est le pronom de la première personne. Vous le retrouverez partout, dans le sanskrit *mâ*, dans le grec *με*, dans le latin *me*, dans le français *me* ou *moi*, dans le gothique *mi-k*, dans l'allemand *mi-ch*, dans l'anglais *me*, dans le russe *me-nia*, dans le gaélique *mi*, etc. Ce MA, moi, fut conservé tel quel à tous les cas, excepté au nominatif. Ainsi le sanskrit décline : accusatif, *mâ* ou *mâm;* instrumental, *mayâ*, par moi; datif, *mahyam*, *mê*, à moi; ablatif, *mat*, de moi; génitif, *mama*, *mê*, de moi; locatif, *mayi*, sur moi, en moi. Mais au nominatif, l'annexion du déterminatif GHA fut fatale au pronom simple (MA), car de MAGHAm, forme organique et commune, il ne nous est parvenu que *aham* en sanskrit, εγων et εγω en grec, *ego* en latin, *ek* en vieux nordique, *ik* en vieux tudesque, etc., etc. On sait que, dans les langues romanes, le *g* tombant entre deux voyelles fait de *ego eo*, *io*, *ieu* ou *jeu*, *je*, etc.

Le pronom ariaque de la deuxième personne est TU, TWA, sanskr. *twam* (1), — gr. τυ et συ (avec s pour τ, comme souvent); lat. *tu*, conservé dans notre *tu*, — lithuan. *tu*, — vieux slav. *tü*, — vieil allem. *thu* (les Germains sifflèrent T en TH), — vieux nord. *thû*, — angl. *thou*, — allem. *du*, etc., etc.

(1) Le nominatif védique *tu-am*, béot. τουν, pour *tu-hum* et *tu-gham*, est une forme dérivée à l'aide du déterminatif GHA, le même qui a donné le nominatif MAGHAm, moi-ci, moi-même.

A côté des deux pronoms indo-européens MA, moi, et TU, toi, appelés à juste titre pronoms personnels, on a coutume de placer le pronom SWA, même, employé le plus souvent comme pronom réfléchi, mais souvent aussi comme simple déterminatif, confirmant en quelque sorte l'identité de la personne indiquée. Le sanskrit en fait le nominatif *svayam*. Le latin a *se* pour *sve* (SWA), comme il a *te* pour *tve* (TWA). Notre patois latin de France a *se* et *soi*; tous ses frères ont *se* et *si*. Dans les langues germaniques, vous trouverez le gothique *sik*, le tudesque *sih*, l'allemand *sich*, le suédois *sig*, etc. L'anglo-saxon unit au pronom réfléchi *se* son radical *lif*, laissé, abandonné, isolé (angl. *to leave*, *left*; gr. λιπ—λείπω), et c'est ainsi qu'il créa son précieux *selif*, laissé à soi, abandonné à soi, seul, par soi-même, dont les Anglais ont fait par contraction leur *self*, *selves*.

Les pronoms qu'il nous reste à examiner sous leur forme essentielle et commune sont des monosyllabes démonstratifs, déterminatifs, interrogatifs et conjonctifs.

Les syllabes démonstratives par excellence du système indo-européen sont TA, SA.

En déclinant TA, dont SA n'est que le substitut, le

sanskrit prononce à l'accusatif *tam* ou *tan* pour le masculin, — *tâm* ou *tân* pour le féminin, et *tad* ou *tat* pour le neutre, trois formes indiennes représentées en grec par τόν, τήν, τό(τ), et en latin par *tum*, *-tam*, *tud*, comme dans le combiné *is*-TE, ou par *tum*, *-tam*, *tum*, comme dans tous les participes passés non terminés en *sus*, *sa*, *sum* (SA remplaçant TA). Le nominatif, en sanskrit, est *sas* (*sah*) ou *sa*, fém. *sâ*, neut. *tad* ou *tat*; gr., ὁ (*ho*) pour σο (avec *h* pour *s* comme souvent), fém., ἡ ou ἁ (*hé* ou *hâ*), neut. τὸ pour τοτ. Le zend a *hô* pour *sô* avec *h* pour *s*, comme le grec. Le gothique dit *sa*, le lithuanien *tas*, et l'ancien slavon *tu*. Le dérivé Sya, celle-ci, elle, est reproduit par le sanskrit *syâ*, par l'allemand *sie*, par l'anglais *she*, etc.

Ce pronom, comme plusieurs autres, perdit çà et là devant les noms une de ses deux significations natives, — qui sont la démonstration de la substance et de la position d'icelle, — pour ne plus signifier que cette dernière, c'est-à-dire la place occupée par l'objet dont il s'agit. Ce dérivé par soustraction reçoit le nom d'*article*. L'article n'est donc qu'un demi-pronom, un pronom dépossédé de la moitié de sa valeur logique, une individualisation de son idée première, enfin. Le latin, le vrai latin, le latin des beaux siècles ne vit pas s'opérer en son organisme cet étrange dédoublement du pronom : il n'eut pas ce monstrueux parasite si familier aux Grecs. Mais toutes les formes du latin vieillissant et se gâtant, c'est-à-dire l'espagnol, l'italien, le portugais, le français, le provençal et les autres patois romans, se taillèrent un article dans l'étoffe du pronom dérivé *ille, illa, illum, illam, illi, illæ, illos, illas*, et de là leur *il* et leur *el*, leur *lo* ou *la* et leur *le*, leur *li* ou *gli* et leur *los*, leur *le* et leur *las*, etc., etc. Diminutif de *Inus*, le représentant perdu du pronom Anas, sanskr. *ana*, celui-là, *ille* est pour *inle* contracté de *inule*, comme *ullus*, quelqu'un, est pour *unlus* contracté de *unulus*, diminutif de *unus*, un, quelqu'un.

Dans les langues germaniques, c'est Tya, sanskr. *tyam*, *tyâm*, *tyad* (accusatifs), dérivé de TA, qui a donné l'article *thie(s)*, *thët*, angl. *the*, bas allem. *de*, allem. *der*, *die*, *das*, le, la, le.

Les langues indo-européennes possèdent deux pronoms déterminatifs riches tous deux en dérivés : I, que tous les lecteurs reconnaîtront dans le latin *Is*, *Ea* pour *Æa*, autrefois *Ala*, *Id*, et A, dont le neutre Ad ou At, devenant préfixe et préposition, marque un point déterminé dans l'espace, ou parfois la tendance vers ce point. C'est ce même A qui a donné le pronom dérivé ANA, sanskr. *ana*, celui-là, avec son comparatif ANYA, sanskr. *anyas*, lat. *alius* pour *anius*, etc.

L'interrogatif indo-européen est KA, KI, KU, et, avec renforcement par le W intercalaire, KWA ou KWI, lat. *quis*, *quæ*, *quid*, notre *qui*, *quoi*; sanskr. *kas*, *kâ*, *kim*; accus., *kam*, *kâm*, *kim*. Les langues germaniques, sifflant le K en H selon leur vieille habitude (elles sifflent bien le T en TH et le P en F), ont fait de ce pronom commun KWAs et KWAd, qui et quoi, *hwas*, *hwes*, *hwer* et *hwat*. Malheureusement pour l'intégrité organique des mots d'outre-Rhin, le *h* tomba presque toujours devant *l*, *n*, *r* et *w*, si bien que nos Allemands d'aujourd'hui prononcent et écrivent *wer*, qui; *was*, quoi; *wo*, où; *warum*, pourquoi, etc., au lieu des anciens *hwer* (pour *hwes*=*hwas*), *hwas*, *hwo*, *hwarumbi*, etc., de leurs pères. L'Anglais a été plus heureux, car il a conservé le *h*=*k* organique; mais il écrit *wh* pour *hw*. Cette faute d'orthographe, généralement acceptée depuis longtemps, n'a jamais eu la moindre influence sur la prononciation correcte du pronom : nos voisins d'outre-mer écrivent *what*, quoi, mais ils prononcent *hwat* (*houot*) en dépit du *lapsus calami*. Il y a plus de correction chez les Slaves.

Au nominatif, les Russes et les Polonais ajoutent le démonstratif TA à l'interrogatif KA dans leur *kto*, qui, *czto*, quoi. Les premiers disent encore *koi*, *koia*, *koe*, quel, quelle? Les Lithuaniens, comme toujours, sont plus purs c'est-à-dire plus primitifs, car ils disent *kas*, *ka*.

En grec, l'interrogatif KA est représenté par κο, mais seulement dans des dérivés, encore ce κο se change-t-il souvent en πο (l'explosive forte des lèvres, π, remplaçant l'explosive forte du palais, κ) comme dans κως et πως, κοτε et ποτε, κοτερος et ποτερος. KI est représenté dans la même langue par τι pour κι dans τις, τι, cfr. πεντε et πεμπε pour l'organique πεγκε.

Le pronom relatif ou conjonctif de la langue arienne primordiale fut YA, sanskr. *yas*, *yâ*, *yat*, — gr., ὅς, ἥ, ὅ (*y* remplacé par *h*, comme fréquemment), — slav., *je*, — goth., *ja*, dans des adverbes conjonctifs. D'après un procédé logique dont j'ai expliqué ailleurs l'origine (*Lexiologie indo-européenne*, p. 58-59), les Romains ont remplacé YA, lequel, par une variété du pronom interrogatif *qui*, *quæ*, *quod*. De leur côté, les langues germaniques substituent au YA conjonctif, tantôt un dérivé du démonstratif TA, allem. *der*, *die*, *das*, angl. *that*, etc.; tantôt un dérivé de l'interrogatif KA ou KWA, allem. *(h)welcher*, *welche*, *welches*, angl. *which* pour *hwich* remplacé au masculin et au féminin par le simple *who*, *whom* pour *hwo* (*kwo*=*kwa*) et *hwom* (*kwom*=*kwam*, lat. *quem*).

MA, moi, — TU, toi, — SWA, soi, même, — TA ou SA, celui-ci, ceci, I ou A, lui, — KA ou KI, qui? quoi? — YA, lequel, — tels sont les pronoms simples par excellence (1) du parler ariaque ou indo-européen primordial. Ces neuf ou dix monosyllabes constituent la base incommutable, inaliénable, invariable du système pronominal des langues de l'Inde et de l'Europe; et ce système pronominal embrasse, outre les adjectifs possessifs, les adverbes de lieu et de temps, les conjonctions et les prépositions, c'est-à-dire tous les mots qui, peignant des rapports stables, constituent les os et les ligaments d'un organisme spécial de la parole. Cela est si vrai, que vous ne sauriez en-

(1) Les syllabes pronominales NA, celui-là, GHA, lui-même, et quelques autres sont avant tout des instruments de dérivation.

lever du langage indo-européen un seul de ses pronoms essentiels sans en arracher à la fois une foule d'organes contenus d'abord en germe dans chacun de ces mots simples et progressivement développés en diverses séries de vocables nouveaux à l'aide du procédé d'individualisation successive (dérivation et composition). Car tout se tient dans cet ensemble harmonique et vivant qu'on nomme une langue. Seulement, tous les organes n'y sont pas aussi nécessaires à la conservation de la vie. C'est ainsi que vous pourriez retrancher de l'organisme ariaque cent verbes et trois mille noms sans nuire à sa constitution le moins du monde.

2. — LES VERBES SIMPLES ET LEURS DÉRIVÉS.

Le verbe, avons-nous dit, correspond à l'idée de mouvement ou d'action comme le pronom correspond à l'idée de substance. Celui-ci n'est au fond qu'un geste oral spontanément créé pour indiquer l'être individuel et la place qu'il occupe. Le verbe, lui, représente ou remet en sensation un mouvement observé. Les langues indo-européennes possèdent près de trois cents verbes simples constitués par une syllabe rappelant une action. En s'unissant, soit entre eux, soit à des pronoms, ces verbes simples ont donné tous les verbes dérivés (1). Avec les pronoms personnels ils ont produit ce mode de dérivation qu'on nomme *verbe conjugué*, *conjugaison*. C'est ainsi que PA, garder, sustenter, nourrir, uni au pronom de la première personne, MA, moi, a donné PAMI, sanskr. *pâmi*, je garde, et PAMAS, sanskr. *pâmas*, nous gardons. Le même verbe PA, dans sa *conjugaison* avec le pronom de la troisième personne TA, celui-ci, ceci, il, a donné PATI, il garde, sanskr. *pâti*, et PANTI, ils gardent, sanskr. *pânti*. Des syllabes accessoires, certaines variations des pronoms-désinences et de la voyelle radicale, sont chargées de représenter les différences de nombre, de mode et de temps.

Un autre dérivé du verbe simple, frère utérin du verbe conjugué, et, comme lui, contemporain des premières manifestations de la parole, c'est le *nom*; le nom, ce composé binaire, cette association intime d'un pronom final désignatif de l'être individuel et d'un verbe rappelant l'action caractéristique faite ou subie par ce

(1) Verbes simples et verbes dérivés réunis, la langue sanskrite en compte 1190.

même être. En effet, point de nom, soit substantif, soit adjectif, qui ne contienne forcément ces trois idées : *être*, *action*, *rapport* d'objectivité ou de subjectivité de l'être devant l'action, et c'est un des grands mérites artistiques du parler indo-européen de leur avoir donné à chacune leur expression propre dans le fait complexe d'une dénomination ou d'une appellation quelconque.

Correspondant à l'action que fait ou que subit habituellement l'être individuel, le verbe s'énonce le premier dans la création du nom. Vient ensuite le signe représentatif de cet être individuel dont on affirme quelque chose, car tout nom contient un jugement et est une véritable proposition.

Si cet être est l'objet de l'action, s'il est inactif devant elle, s'il la reçoit, en un mot, le pronom, signe de l'être, reste tel quel dans la terminaison et le nom passif est créé. Ainsi de DA, donner, sanskr. *dâ*, et des pronoms démonstratifs TA et NA, l'ariaque fait aussi bien DAta, le donné, ce qui est donné, donné (lat. DAtus, *data, datum*), que DAna, le donné, la chose donnée, le don (DOnum, sanskr. *dânam*).

Mais s'il veut indiquer le rapport de subjectivité de TA, celui-ci, devant DA, donner, du pronom par rapport au verbe, de l'être par rapport à l'action, il modifie ce même TA (ou SA, ou NA, ou KA, ou quelque autre pronom), soit en retranchant la voyelle finale, comme dans DAT, le donnant (TA faisant le DA); lat. *dant-*, soit en convertissant la voyelle moyenne du pronom en une voyelle extrême, I, U, comme dans DAsi, gr. *δόσι-ς*, l'action de donner, soit, enfin, en lui attachant un R, la plus vivante de toutes les consonnes, comme dans DATAR, sanskr. *dâtr'*, lat. *dator*, gr. *δοτήρ*. De là, dans le système indo-européen, les séries contrastées de terminaisons objectives et de terminaisons subjectives (actives); le latin, pour son compte, reproduit les premières dans —*tus*, —*ta*, —*tum*; —*sus*, —*sa*, —*sum*; —*nus*, —*na*, —*num*, etc., tandis qu'il a conservé les dernières dans —*tor*, —*trix*, —*sor*, —*ter* et —*turus*, —*tura*, —*turum*, —*t*, —*nt*, —*n*, etc.

Ces terminaisons à base pronominale n'excluent pas certaines terminaisons à base verbale, terminaisons *diminutives* provenant d'un verbe au sens de *luire*, *paraître*, *sembler*, *ressembler* (BHA, sanskr. *bhâ*, luire, paraître; DR'K, sanskr. *dr'ç*, luire, se montrer), terminaisons *intensitives* nées d'un verbe au sens de *produire*, *créer*, ou de *poser*, *constituer*, *faire* (GA, sanskr. *gâ* et *jan*, produire, engendrer;

DA ou DHA, sanskr. *dhâ*, poser, constituer, établir, angl. *to do*), etc., etc., terminaisons dont les formes latines les plus obvies sont *— licus*, *— lix*, *— lis*, *— bus*, *— bilis*, *— ficus*, *— genus*, *— gnus*.

Or, toutes ces désinences significatives, à base pronominale ou à base verbale, peuvent s'enter l'une sur l'autre et amener les différents degrés de dérivation. Ainsi, sur le terrain de la langue latine, le nom ariaque DANA, la chose donnée, sanskr. *dânam*, *DOnu-m* (*m* étant ici le signe du neutre), le DOs, s'adjoint la terminaison objective (passive) *— tus*, *— ta*, *— tum*, à base de pronom démonstratif TA, pour former le dérivé du second degré DOSA-TU-s (*s* étant ici le signe du nominatif masculin singulier), celui à qui l'on fait don, le gratifié, d'où le dérivé de troisième degré *dona-ti-on-*, l'action de faire un gratifié ou un *donatum*, — Os de ANA, celui-là (nominatif : *o*), étant une terminaison à consonne finale, et, par suite, essentiellement subjective ou active.

On le voit, la dérivation consiste à resserrer le sens d'un mot par l'addition d'une terminaison caractéristique, et tout arbre généalogique des mots issus d'un verbe simple (racine réelle), ou d'un pronom simple (racine réelle), n'est qu'une série ou un groupe de séries collatérales d'individualisations successives dans l'unité de filiation.

Et maintenant, laissant de côté les dérivés de deuxième et de troisième degré, il est incontestable que les dérivés de premier degré, comme DAna, DAta, DAt ou DAnt, DAtar; lat. *donum, datus, dant* — (nomin. *dans*), *dator*, etc., sont aussi anciens que leurs éléments constitutifs, les pronoms simples et les verbes simples, car les actions se trouvent naturellement associées aux individualités qui les soutiennent. La physiologie de ces combinaisons *verbo-pronominales* nous les montre comme inévitables, immédiates, et je ne me représente pas dans l'histoire de la parole arienne une époque de monosyllabisme absolu. Oui, dans cette chimie analytique de la parole, il nous faut à tout moment, pour avoir le verbe simple à l'état libre, le séparer des diverses bases pronominales avec lesquelles il s'était intimement combiné dès les premiers jours.

A part I, aller, AS, souffler, respirer, vivre, être, AD, manger, et trois ou quatre autres, tous les verbes simples indo-européens sont essentiellement constitués par *une consonne suivie de l'une des trois voyelles fondamentales*, A, I, U, *ou de la semi-voyelle* R' : PA,

PI, PU, PR', MA, MI, MU, MR', etc. Assez fréquemment on entend la sifflante dentale S renforcer la consonne initiale, surtout quand celle-ci est une explosive mâle : SPA et SPR', étendre, répandre; STA et STR', serrer, fixer; SKA et SKR', fléchir, entourer. La semi-voyelle R' se renforce en s'unissant aux sons *a*, *i*, *u*, et PR' devient PAR, PIR, PUR ou PRA, PRI, PRU, d'où plus tard PAL, PIL, PUL et PLA, PLI, PLU, car il n'y a pas de L primitif dans les langues indo-européennes. Je ne dis pas la même chose du R franchement consonne, car s'il naît souvent de R' par voix de renforcement, il peut lui-même çà et là s'affaiblir en cette voyelle roulante.

Telle est donc la forme extérieure ou phonétique du verbe simple ariaque : UNE CONSONNE ET UNE VOYELLE DANS L'UNITÉ DE SYLLABE. Ce verbe monosyllabique devrait porter seul le nom de *racine* verbale, mais l'usage donne encore ce nom à des verbes dérivés séparés des finales de la conjugaison. Or nous verrons plus loin qu'il y a deux espèces de verbes dérivés d'où les grammairiens ont extrait des racines artificielles contenant, outre un verbe simple, une consonne finale accessoire, fragment elle-même d'un autre verbe ou d'un pronom.

Il existe dans la parole indo-européenne une vingtaine de particules multiplicatrices du verbe : ce sont les *préfixes*, qu'on pourrait appeler les prépositions composantes.

Né du pronom, dont il n'est qu'une forme individualisée et abstraite, le préfixe marque un lieu, une position relative dans l'espace, et, par suite, une direction particulière du mouvement inhérent à l'idée verbale ou à l'idée d'action. Pour bien comprendre cette nouvelle fonction du pronom, il importe de se rappeler la double signification forcée de ce geste oral indicatif. Impossible pour le pronom de montrer un être individuel sans montrer à la fois la place qu'il occupe ; seulement, pour condenser ma pensée dans un exemple, lorsque le déterminatif neutre Ad ou At, cela (mascul. A), devient le préfixe Ad ou At, il ne signifie plus que ce point-là, cet endroit-là, et, par son union avec un verbe, soit tendance vers ce point-là, soit fixité en cet endroit-là.

Les principaux préfixes indo-européens sont dérivés de ce pronom déterminatif A, tantôt par TA ou par son substitut PA, tantôt par NA ou par son substitut MA. Les dérivés par TA, PA, comme Ata et Ati, Apa et Api, d'où les comparatifs Apa-ra et Apa-ri, marquent en général une position *en dehors* ou *en avant*, l'extérieur, le visible, le présent, l'affirmation; tandis que les dérivés par NA ou MA, comme ANA, ANI, ANU, ANTAR, AMA, indiquent une position *en dedans* ou *en arrière*, l'intérieur, le caché, l'absent, la négation.

Quant aux fonctions des préfixes, tout le monde les connait. Après avoir marqué directement, sans métaphore aucune, des rapports de situation ou de direction dans l'espace, ces dérivés pronominaux indiquèrent par analogie des rapports de temps (lat. *ante*, *post*, etc.), de cause à effet (lat. *ex*, *ab*, etc.), ou de moyen à but (lat. *per*, *cum*, etc.). Ces différentes valeurs significatives propres ou figurées, le préfixe les garda même en devenant préposition (1).

Nous reviendrons dans un autre paragraphe sur tout ce côté géométrique de la parole arienne. Abordons l'autre élément de notre parallèle scientifique.

(1) A des époques relativement modernes, plusieurs familles de la grande race arienne ont remplacé ou doublé deux ou trois préfixes par des formes indéclinables de noms ou de participes : tels sont en latin les préfixes *circum*, autour, de *circus*, cercle ; *juxta*, auprès, de *jug-* ou *jung-ere*, joindre.

II

LE PARLER SÉMITIQUE.

Et maintenant, au fur et à mesure que nous rechercherons et que nous établirons les formes essentielles constitutives du parler sémitique ou syro-hébraïco-arabe (1), nous les rapprocherons des formes essentielles constitutives de la parole ariaque ou indo-européenne. Nous verrons sans peine si elles sont, oui ou non, les filles de deux génies profondément séparés.

Établissons d'abord une comparaison rigoureuse entre les pronoms simples des deux paroles, et n'oublions pas que, marquant des rapports inévitables et toujours les mêmes, les pronoms constituent le fond nécessaire et incommutable de tout système d'expressions orales.

(1) « Les langues sémitiques, dit M. Renan, nous apparaissent, dès les temps anté-historiques, cantonnées dans les mêmes régions où nous les voyons parlées encore aujourd'hui, et d'où elles ne sont guère sorties que par les colonies phéniciennes et l'invasion musulmane : je veux dire dans l'espace péninsulaire fermé au nord par les montagnes de l'Arménie et à l'est par les montagnes qui limitent le bassin du Tigre. »

1. — LES PRONOMS SIMPLES.

Au type indo-européen MA caractérisant la première personne, quel correspondant de signification trouvons-nous dans le sémitisme ? Le type I, moi : î, moi en hébreu et en chaldéen, — i, moi en arabe, — i, moi en syriaque, — i, moi en samaritain, etc. S'il est appuyé sur un substantif ou sur une préposition qui le précède et dont il est le complément, ce pronom reste simple et ne prend point d'affixe ou de support. Ainsi, en hébreu L, à, pour (signe du datif), uni à I, moi, donne L-I, à moi ; B, en, dans (locatif), joint à I, donne B-I, en moi ; et de même le nom BeN (1), fils, suivi de I, moi, forme le groupe BeN-I, fils de moi, mon fils. Manque-t-il d'un mot qui lui serve de support et se trouve-t-il le sujet ou le nominatif de la phrase, I, moi, reçoit en guise de préfixe un pronom déterminatif, soit simple, hébreu AN-I, je ou moi, soit complexe, hébreu ANôK-I, je ou moi.

(1) Les points-voyelles ont une valeur traditionnelle trop importante pour que nous négligions de les figurer, au moins en lettres minuscules, dans nos transcriptions de l'hébreu et des autres langues sémitiques.

Notre indo-européen MA, moi, s'adjoignit, il est vrai, au cas-sujet, un élément syllabique déterminatif; seulement, au lieu de le *préfixer* à la tête, il le *suffixa* à la fin de sa forme première, et il devint MAGHA (plus tard : AGHA, AHA, EGO) par un procédé diamétralement contraire à celui qui, dans les ressources de l'instinct artistique des Sémites, fit du simple I, moi, le combiné ANI, je ou moi. Des variantes de ce dérivé, aNI, êNI, NI, moi, s'attachent au verbe pour représenter l'accusatif de notre pronom. Tout le monde connait cette parole de Jésus en croix : « *él-I*, *él-I*, *larama çabaqta-NI?* (Dieu de *moi*, Dieu de *moi*, pourquoi abandonnas-tu *moi*) : Mon Dieu, mon Dieu, pourquoi m'as-tu abandonné? » Et maintenant, quant à la diversité radicale du sémitique I, moi, et de l'arien MA, moi, je croirais faire injure au lecteur en essayant de la mettre davantage en relief : l'un n'a jamais pu être l'autre, et tous deux, dans des races différentes, sentant et exprimant chacune à leur manière, ont été nécessairement contemporains des premières manifestations de la pensée.

Cette différence originelle n'est pas moins frappante quand on compare entre eux les pronoms de la seconde personne propres à chacune de ces deux races.

TU ou TWA, tu, toi, est, nous l'avons vu, le pronom ariaque de la deuxième personne.

A ce TU du parler indo-européen, le langage sémitique ou syro-arabe oppose KA ou K : hébr. Kâ, arab. Ka, éthiop. Ka, chald., samar. et syr. K final précédé d'une voyelle. Qu'on nous permette encore ici quelques exemples empruntés à l'hébreu, ce sanskrit des langues sémitiques. Appuyé sur des préfixes, le pronom Kâ, *tu* ou *toi*, donne les groupes L–Kâ, à toi, contre toi (la préposition L, nous l'avons vu, sert à former le datif) ; B-Kâ, en toi (cfr B-I, en moi), etc. Suffixé à un nom, ce même Kâ équivaut à un génitif, comme dans les groupes ZaRA''-Ka, la race de toi, ta race ; AHI-Kâ, le frère de toi, ton frère, etc. Mais lorsqu'au lieu de suivre un nom, il vient immédiatement après un verbe, ce même Kâ (toujours Kâ !) équivaut à un accusatif : IeLiDTI-Kâ, j'ai engendré toi, je t'ai engendré.

Un trait singulier du génie sémitique, c'est de distinguer dans le pronom de la deuxième personne le genre masculin du genre féminin. Le TU indo-européen ne change jamais : qu'on s'adresse à un homme ou à une femme, c'est toujours *tu*, toujours *toi*. Le sémite, au contraire, accompagne le K caractéristique de la deuxième personne d'un *â*, si le sexe de la personne à laquelle il s'adresse est masculin, d'un *i* si le sexe de son interlocuteur est féminin. Ainsi, pour *toi* adressé à une femme, l'hébreu dit KI ; l'arabe et l'éthiopien, Ki ; le syriaque, tout en écrivant Ki, ne prononce plus la voyelle, et l'hébreu, la plupart du temps, transporte avant la consonne (K) cet *i* changé en *é*, son substitut habituel ; de là, son éK, toi femme, comme complément annexé au mot qui le régit. Un M terminal pour le masculin, un N terminal pour le féminin indiquent le pluriel du pronom Kâ, toi ; c'est ainsi que l'hébreu dit KeM, vous, en parlant à des hommes, et KeN, vous, en parlant à des femmes.

Telle est la forme du pronom sémitique de la seconde personne, lorsque ce pronom est appuyé sur un mot ou sur une particule, et c'est là le cas le plus ordinaire. Mais de même que le pronom de la première personne I, moi, quand il n'est point complément d'un préfixe ou d'un nom sur lequel il repose, prend l'appui du préfixe AN ou ANôK, le pronom de la deuxième personne Kâ, toi, s'appuyant dans les mêmes circonstances syntaxiques sur un préfixe semblable, donna d'abord au sémitisme la forme complexe ANTa-K ou ANTo-K que vous retrouverez telle quelle dans les dialectes de Thèbes et de Memphis. Un substitut habituel du K, le H, remplaça le K organique primitif et dans le chaldaïque ANTà-H et dans l'hébraïque A(N)Tà-H. Ce n'est point là du reste un fait isolé : ANoK ou ANaK pour ANoK-I, je ou moi, subit cette même altération du K en H, et de là ANoH ou ANaH, je ou moi, devenu dans certains dialectes ANo', ANA', avec *aleph* pour *hé*.

Quant au pronom SWA, soi, même, dont nous avons rappelé plus haut les importantes fonctions dans la parole ariaque, il n'est rien, absolument rien qui lui ressemble dans le parler sémitique. Passons.

Souvenez-vous maintenant des six ou sept fonctions grammaticales du pronom démonstratif indo-européen TA, de ce pronom TA qui se dédouble pour devenir *article*; de ce pronom TA qui, dans la dérivation et dans la conjugaison, — cette forme particulière de dérivation, — constitue la base de tant de terminaisons significatives; de ce pronom TA d'où sont sortis tant d'adverbes et de conjonctions (lat. *tot*, *tam*, *tum* *tunc*, etc.). Eh bien ! ce monosyllabe primitif auquel nos langues doivent tant de formes essentielles, vous ne le rencontrerez nulle part dans le sémitisme. Vous n'y trouverez pas davantage nos pronoms déterminatifs I et A. En revanche, vous y entendrez à chaque phrase, vous y lirez à chaque ligne un pronom de troisième personne dont il n'existe pas la moindre trace dans l'organisme du parler indo-européen : ce pronom, reproduit avec de légères variations par toutes les langues sœurs, est, en hébreu, HU' (prononcez *hou'*) quand il est seul, HU, U, O (avec chute de H) et même W, soit U s'articulant en consonne liquide des lèvres, toutes les fois que ce pronom est appuyé sur un mot qui le précède et dont il est le complément : L-O, à lui, -PI-HU et PI-W, la bouche de lui, sa bouche, comme on dirait PI-Kà, la bouche de toi, ta bouche. A côté de cette forme HU', qui est exclusivement masculine, vient se placer la forme féminine HI', elle. C'est le pluriel organique de HU', HU'M ou HUM (et dans certains dialectes HUN), qui, s'unissant au radical du prétérit syro-arabe, constitua la terminaison caractéristique de la troisième personne du pluriel. Le M tombe en hébreu, et il ne reste que

U : KäTaB, il écrivit ; KäTB-U, ils écrivirent. Il n'y a pas de temps présent dans la conjugaison sémitique.

Les pronoms relatifs Ç'a, Ç'é, De, AÇ'eR, qui, que, lequel, laquelle, lesquels, lesquelles, correspondent, dans le sémitisme, au YA du parler ariaque. Comparez et assimilez si vous pouvez.

Mais le fait le plus accablant contre toute tentative d'identification des deux parlers à une époque quelconque, c'est la diversité si profonde de leurs pronoms interrogatifs.

Partout l'interrogatif indo-européen est KA ? ou KWA ?, KI ?, qui ?, quoi ?

Partout l'interrogatif sémitique ou syro-arabe est MI?, MA ?

Ainsi l'hébreu dit MI ? qui ? MâH? quoi ? d'où MâTaI ? quand ? Puis il décline L-MI ? à qui ? à cause de qui ? éT-MI ? qui (*quem ?*) B-MI ? par qui ? Tout le monde connait le nominatif MI dans *MI-ka-el*, Qui est semblable à Dieu ? devenu notre *MIchel*, synonyme de *MI-ka-ja*, Qui est semblable à Jéhovah ? devenu notre *MIchée*. La langue assyrienne dont M. Jules Oppert démontrait naguère l'essence sémitique dit, elle aussi, MaN ? qui? et Mâ ? quoi ? d'où son MiMMâ', qui que ce soit, quelconque (1).

On le voit, il n'y a rien de commun entre le système pronominal des Sémites et celui des Indo-Européens. Jetons maintenant un coup d'œil comparatif sur la nature des verbes simples dans l'une et l'autre race.

2. — LES VERBES SIMPLES.

Un fait qui domine le parallèle entier des verbes sémitiques et des verbes ariaques, c'est la diversité profonde dans la forme syllabique affectée par les racines verbales.

Quelle est, en effet, la loi de formation du verbe sémitique? Considérée dans son corps, c'est-à-dire dans sa constitution purement phonétique, la syllabe verbale des Sémites, sous sa forme la plus élémentaire, comprend toujours DEUX CONSONNES D'ORGANES DIFFÉRENTS. Une consonne l'ouvre, une consonne la ferme : c'est une syllabe close; telles sont KaF, GaF, GaM, KaM, GâM, TaF, SaB, TaM, SaM, RaM, KaT, KaS, FaT, FaS, TaQ, RaQ, etc.

Mais ce n'est point sous cette forme élémentaire

(1) Jules Oppert, *Éléments de grammaire assyrienne*. Paris, 1860, p. 31 et 32.

que nous apparaissent le plus souvent les racines sémitiques. L'une des deux consonnes diverses qui constituent essentiellement chacun de ces types se redouble dès le principe, et la figure générale des parfaits ou prétérits est *trilitère* ou *triconsonnantique*. Ainsi le type essentiel RaB, serrer, resserrer, puis amasser, grandir, constitue l'élément significatif par excellence des verbes sémitiques RâBaB (1), amasser, accroître, multiplier, d'où être grand, être nombreux, — RâBâH, s'augmenter, s'accroître, être grand, — RâBaK, resserrer, assembler, unir, mêler, — RâBaQ, resserrer, lier, attacher, — RâBaD, serrer, lier, — RâBA^c (avec *Ayin* final), se rapprocher, s'unir. Seulement, et ceci mérite une attention toute particulière, vous trouverez coup sur coup RaB avec le sens de *grand* ou avec celui de *prince*, de *maître* (rabbin), RoB avec la signification de *foule* ou avec celle de *grandeur*, et d'autres variétés du même type n'offrant que les deux con-

(1) C'est en prononçant à la manière des Hébreux, c'est-à-dire avec — â — a — les parfaits ordinaires de la voix *kal*, que je transcrirai les racines trilitères constituant le fond commun des verbes sémitiques. Les Sémites du Nord (aramaïsants) prononcent sèchement QTaL, il tua, les trois consonnes QTL, là où un Sémite du centre (hébraïsant) lit QâTaL, et un Sémite du sud (Arabe), QaTaLa.

sonnes essentielles constitutives sans lesquelles il n'existe point de racine sémitique.

Or, cette syllabe verbale s'ouvrant et se fermant par une consonne (RaB, KaF, TaM, etc.), cette syllabe close, nécessairement terminée par une fonction organique différente de celle qui la commence, voilà ce que vous ne trouverez nulle part dans les verbes simples du parler ariaque. Placez-vous un instant au point de vue du génie sémitique, saisissez-vous fortement du moule verbal syro-hébréo-arabe, et cherchez à couler dans ce moule, en en comblant les creux, les verbes qui reviennent le plus souvent dans la parole arienne, tels que I, aller, sanskr. *i*, *î*, et YA, aller, sansk. *yâ*; — GA, aller, venir, sansk. *gâ*, et GA, étendre, produire, engendrer, sansk. *gâ* — et, par le thème *gana*, *jan*; — PA, garder, sustenter, d'où PATAR, le père, sansk. *pâ*, et MA, étendre, propager, d'où MATAR, la mère, sansk. *mâ*; — DHA, établir, poser, faire, sansk. *dhâ*, et DA, faire tenir, donner, sansk. *dâ*; — STA, fixer, se tenir, être (STARE, *stant*—, ou *stant-em*, devenu *estant*, *étant*, etc.), sansk. *sthâ*; — BHU, établir constituer, exister (FU-*i*, FU-*turus*, etc.), sansk. *bhû*, et AS, souffler, respirer, vivre, être (ES-*se*), sansk. *as*; — BHA, luire, d'où paraître et faire voir, montrer, dire, sansk. *bhâ*; — AD, manger (ED-*ere*), sansk. *ad* et PI, boire (BI-*b*-*ere*), sansk. *pî*; — AN, respirer, vivre (AN-*ima*), sansk. *an*, — et KSI, SKI, trancher, détruire, sansk. *ksi*; — U, crier, sansk. *u*, — et GU, mugir, sansk. *gu*, — etc., etc. Oui, cherchez, cherchez par tous moyens à faire produire au génie syro-arabe ces mots simples de nos langues, et vous resterez bientôt convaincus que ces verbes, les plus essentiels de la parole indo-européenne (1), sont *absolument impossibles* dans le plan du parler sémitique. Or, cette *impossibilité* scientifique de transporter dans un organisme de langage ce qui répugne aux lois les mieux établies de sa formation sera toujours pour le critique un argument mille fois plus sérieux, plus décisif, que la simple constatation de l'absence totale dans les langues hébraïque, arabe et syriaque des verbes si importants et si féconds PA, garder, sustenter, — MA, étendre, propager, — DHA, établir, poser, faire, etc., etc.

Sans doute il y a dans les langues indo-européennes

(1) Outre leurs fonctions propres comme verbes indépendants, les mots BHU, exister, AS, être, et, plus tard, STA, exister, constituent les éléments fondamentaux des terminaisons et des auxiliaires dont l'ensemble s'appelle *conjugaison*.

des racines verbales dont le corps monosyllabique commence et finit par une consonne; mais ce sont là de pures fictions grammaticales « des êtres de raison », comme dit M. Renan, c'est-à-dire des monosyllabes produits par une coupe artificielle d'organismes naturels bisyllabiques : ce ne sont pas des verbes simples. La racine d'un verbe n'est, en effet, pour le grammairien, que l'élément fixe auquel s'attachent les désinences variables de la conjugaison. Or quand cette forme orale, au lieu d'être un verbe simple comme MA, étendre, mesurer (d'où le verbe conjugué des Hindous, *mâ-mi*, j'étends, *mâ-si*, tu étends, *mâ-ti*, il étend, etc.), est au contraire un verbe dérivé, les grammairiens, dans leurs analyses, ont l'habitude de couper en deux la syllabe accessoire, instrument banal de dérivation ou d'individualisation du sens premier du verbe simple; et c'est ainsi que de MAnu-tai, il pense, il est pensant ou penseur, sansk. *manu-té*, les grammairiens n'hésitèrent pas à extraire leur racine *man*, en déclarant que la racine *man*, penser, comme les racines *tan*, étendre (1), comme la racine

(1) Racine artificielle extraite du thème TAnu, celui qui étend, ce qui étend, extenseur, du verbe simple TA, tendre, étendre, d'où TAta, étendo, TAti, l'action d'étendre, etc.

ksan, tuer (1), etc., *se rattachaient à l'aide d'un U intercalaire* aux terminaisons caractéristiques des personnes, des temps et des modes. Peu leur importait que MA signifiât *étendre, mesurer*, puis *comparer, penser* (lat. *pensare*, 1° peser, 2° penser), d'où le nom MAnu, sansk. *manu*, le comparant, le jugeant, le pensant, *the man* (la terminaison pronominale NA devenant subjective par le changement de A en U); MAnas, sansk. *manas*, μενος, ce qui pense, l'esprit; MAt ou MAnt, lat. *ment-*, *mens*, le pensant, l'esprit; MAta, sansk. *mita*, connu, pensé, la chose pensée, etc. Une fois la racine *man* admise comme un fait premier, ces bons grammairiens inventèrent la règle de la chute de N devant T pour expliquer des formes telles que MAta, pensé, MAti, l'action de penser, la pensée; TAta, étendu, TAti, l'action d'étendre, la tension, provenaient ainsi, sans peine aucune, de leur racine *tan*, tendre, étendre. Si nous voulions serrer de près l'analogie des faits d'arborescence et des faits de dérivation, nous dirions que, les verbes simples pouvant seuls être considérés comme de vraies *racines*, les

(1) Du thème KSAnu ou SKAnu, le raclant, le tranchant, le détruisant, destructeur, tueur, de KSA ou SKA, frère de KSI et de KSU, racler, couper, etc.

formes verbales dérivées, les racines verbales *secondaires*, comme les appelle M. Benfey, sont des *tiges*, des *troncs*, si vous aimez mieux, et non point des *racines*. Nous dirions alors que les verbes PAT (1), étendu, et PAK, étendre, sont des *tiges* issues de la racine (verbe simple) PA ; que les verbes KUT, KUS et KUN, courber, fléchir, entourer, couvrir, sont des *tiges* ou des *troncs* sortis de la racine (verbe simple) KU, KAU, courber, fléchir (lat. CAVUS, d'où *cavare*), par les thèmes KUTA, KUSA, KUNA, courbé, fléchi.

Ce procédé de dissection artificielle, les grammairiens l'appliquèrent encore aux verbes intensitifs, diminutifs, inchoatifs, causatifs et désidératifs, ce qui multiplia singulièrement le nombre des racines verbales.

Au demeurant, quand bien même on admettrait l'existence en sanskrit, et dans les langues sœurs, de certains verbes primitifs s'ouvrant et se fermant par une consonne, il n'en serait pas moins vrai, — et cela suffit à démontrer la vérité de notre thèse, — que tous les verbes les plus usités et les plus importants

(1) C'est uniquement pour le faire mieux ressortir que nous écrivons en petites capitales l'élément pronominal dérivatif.

de ces langues sont terminés par une voyelle (1), mode de structure qui, nous l'avons vu, répugne invinciblement au génie sémitique ou syro-arabe.

Il importe de pousser plus avant notre parallèle. Les pronoms sont radicalement divers dans les deux systèmes comparés. De chaque côté, la structure du verbe, réduit à ses éléments essentiels, obéit à des lois profondément différentes. Mais le nom, cette proposition stéréotypée, d'où vient-il? comment se forme-t-il chez les Hébreux et chez leurs frères sémitisants?

Pour faire une proposition, il faut un jugement, et ce jugement contient nécessairement au moins deux termes : *quelqu'un* ou quelque chose et une *action* faite ou subie par ce quelqu'un, par ce quelque chose. Ces nécessités logiques n'ont peut-être pas été moins bien comprises par l'intelligence spontanée des premiers Sémites que par celle des premiers Ariens; mais à coup sûr elles ont été rendues bien différemment dans l'œuvre de la parole, et c'est là ce que je voudrais rendre évident pour tous.

J'ai essayé plus haut (p. 29) de mettre dans leur vrai jour les lois qui présidèrent à la facture du nom

(1) Voyez entre autres preuves, les 78 premières pages des *Radices sanskritæ* de Rosen.

chez les Ariens. Un pronom (TA, SA, NA, KA, etc.) individualisé par un verbe qui le précède, — car le génie ariaque veut que le déterminant précède toujours le déterminé, — telle est la loi première, la loi organique de toute formation *nominale* (participe, adjectif ou substantif) dans l'Inde et dans l'Europe. Viennent ensuite les lois qui régissent l'indication du rapport de subjectivité ou d'objectivité du pronom devant le verbe. Or, vous ne rencontrerez nulle part dans les noms sémitiques la combinaison intime d'un verbe et d'un pronom; nulle part, en conséquence, vous ne trouverez les signes ariaques de l'activité ou de la passivité d'un élément pronominal qui fait toujours défaut.

Changer les voyelles du verbe, sans toucher à ses consonnes, telle est, par excellence, la loi de formation du nom sémitique. Les noms formés de cette manière constituent une vaste classe à laquelle appartiennent MéLéK (1), roi, de MâLaK, il régna; —

(1) L'identité des langues syro-arabes n'étant plus une question pour personne, je me contenterai dorénavant de citer la forme que les mots sémitiques revêtent en hébreu, ce sanskrit du sémitisme. Les points-voyelles sont ici figurés par des minuscules.

SèFèR, livre, écrit, et SôFèR, écrivain, de SâFèR, il écrivit, il compta ; — QôDèÇ', sainteté, chose sacrée, de QâDaÇ', il fut sacré ; — Pô'AL, action, ouvrage, de Pâ'AL, il fit, il fabriqua, — BèN, fils, de BâNâH, il bâtit, il établit ; — GeBUL, limite, terme, de GâBal, il termina.

Viennent ensuite dans l'ordre d'importance les formes participiales faisant office de noms. Ainsi O'lèB, détestant, participe de l'actif A'laB, il détesta, s'emploie beaucoup plus souvent comme nom substantif avec le sens d'*ennemi*. De même IONèQ, suçant, tetant, participe de IâNaQ, il suça, il teta, signifie aussi *enfant*, *nourrisson*. Mais voyez comment sont faits ces participes eux-mêmes, et comparez-les avec nos participes présents indo-européens. Toujours ces derniers naissent de la combinaison du verbe et du pronom démonstratif TA sous sa forme de finale à sens transitif (objectif), — T, d'où la désinence aT, renforcée souvent en aNT (lat. *ant*, *ent*), mère de la terminaison mutilée *an*, *ân* (gr. ων, ον). Ici encore, qu'y a-t-il de commun entre les procédés naturels, spontanés, de création lexique propres à chacune des deux grandes races? Rien, toujours rien!

Les participes des conjugaisons hébraïques *piel* et

hophal, dont quelques-uns sont également devenus des noms substantifs, ne se contentent pas de changer les voyelles du verbe, mais y ajoutent encore une syllabe formative, Me, Ma; seulement, cette syllabe caractéristique, au lieu d'être terminale comme le voudrait le génie indo-européen, est invariablement initiale. Ce préfixe M forme aussi, en dehors des participes, des noms de lieu, d'instrument, de fonction; et c'est ainsi que QUM, se tenir debout, être ferme, a donné MâQOM, poste, lieu, place, demeure; comme SâBaB, il se tourna, produisit MèSaB, détour, circuit; comme Ç'âPaT, il jugea, fournit MiÇ'ePaT, jugement, sentence, statut; comme QâNâH, il posséda, il acquit, il acheta, eut pour dérivé MiQeNéH, possession, achat.

Impossible de nier l'originalité de ces procédés de dérivation; impossible en même temps de leur trouver la moindre analogie avec l'idée ariaque opérant ses créations de participes, d'adjectifs et de substantifs à l'aide d'un système fort simple de finales significatives.

Comme le parler indo-européen, le parler syro-arabe a, lui aussi, des noms composés; mais, ici encore, le plan de composition diffère du tout au tout.

Je l'ai déjà dit, c'est une loi du génie arien d'énoncer toujours le déterminant avant le déterminé : il trace d'abord les limites dans lesquelles l'esprit devra entendre l'expression vague ou banale qui va suivre.

Dans *amb-ire*, *trans-ire*, *præ-ire*, etc., les déterminatifs *amb-*, autour, *trans-*, à travers, *præ-*, en tête de, en avant, précèdent *Ire*, aller, et s'opposent fort heureusement à toute incertitude, à toute hésitation, même très courte, dans l'esprit de l'auditeur placé devant un mot d'une signification aussi large : I, aller. De même dans *auceps* (*avi-ceps*), oiseleur, et dans *auspex* (*avi-specs*), augure, l'idée d'*oiseau* représentée par *au-* contracté de *avi-*, détermine ou limite les idées de *cap*, prendre, et de *spec*, regarder, contempler, inSPECter; comme celle de *sacri-* (*sacrum*), chose sainte ou consacrée aux dieux, limite dans *sacrificium* (*sacri-fic-ium*), sacrifice, et dans *sacrilegium*, sacrilége, vol commis dans un temple, les idées de *fac* (en composition *fic*), faire, et de *leg*, prendre (d'où *cueillir*, et enfin, *lire*), enlever, voler.

Les composés si connus *luci-fer*, porte-lumière, — *signi-fer*, porte-enseigne, — *lani-ger*, porte-laine, — *causi-dicus*, avocat, — *pedis-sequus*, serviteur, — *vin-demia* (*demere*), vendange, — *carni-fex*, bourreau, etc., etc., nous montrent toujours l'application de cette même loi : *Le déterminant s'énonce avant le déterminé.*

On sait que le mot limite (l'antécédent) peut être ou un nom adjectif, comme dans *longimanus*, celui qui a de longues mains, — ou un nom de nombre, comme dans *triangulus*, triangle, qui a trois angles, — ou un adverbe, comme dans *maleficus*, *benevolus*, etc., — ou une préposition, comme dans *præsidium*, garde, — *convivium*, festin, — *proportio*, proportion.

Or, ce qu'on trouve en latin sous le rapport de la composition, on le retrouve en sanskrit, en zend, en grec (1), en gothique, en lithuanien, en esclavon et dans les dialectes celtiques.

Eh bien! cette loi indo-européenne de la composition, ce procédé d'individualisation si simple, si facile, si fécond dans ses résultats, vous n'en trouverez nulle part la moindre trace dans les langues syro-arabes. Le sémitisme a pourtant des noms composés,

(1) A une époque relativement moderne, on trouve chez les Grecs quelques composés mal faits, j'allais dire à *l'envers*. Si Strabon, par exemple, écrit à tort ἱπποπόταμος, en mettant le déterminant ποταμος après le déterminé ἵππος, Aristote écrivait correctement ἵππος ὁ ποτάμιος.

mais presque tous sont des noms propres, et tous, au rebours de nos langues, placent le déterminant (la limite) après le déterminé. Qui ne connait les composés hébraïques GaBRI-E'L, Gabriel, ou la force de Dieu (E'L); — BiN-IàMIN, Benjamin, ou le fils de la droite (du bonheur), appelé d'abord par sa mère mourante BéN-'ONI, Benoni, ou le fils de ma douleur (1); — AB-ÇàLOM, Absalon, ou le père de la paix; — AH'-AB, Achab, ou le frère du père, etc.?

Cette séparation absolue, cette contradiction même du génie arien et du génie sémitique nous frappe bien plus fortement encore, lorsque laissant les noms composés, *nous cherchons en vain dans tout le sémitisme* UN SEUL VERBE MODIFIÉ par UNE PRÉPOSITION.

A l'aide de préfixes verbaux (p. 34), le génie indo-européen dessine aux yeux de l'esprit toutes les variétés d'une action, toutes les directions du mouvement représenté par le mot simple. Ces individualisations, ces variations de sens au moyen de préfixes, sont d'autant plus nombreuses que l'idée première du verbe isolé est plus vague, plus générale, moins déterminée enfin. Ainsi, les verbes I, aller, — STA, fixer, se

(1) BéN, fils, fait à l'état construit (limité suivi du limitant) BéN, rarement BiN.

tenir, être, — DHA, poser, constituer, faire, sont de ceux qui offrent le plus d'individualisations de sens à l'aide de prépositions. Et, pour ne citer ces composés que sous leur forme latine, nous rappelons ici *inIre, coIre, obIre, prœIre, adIre, abIre, redIre, subIre, transIre*, etc., de *Ire*, aller; *inSTAre, conSTAre, obSTAre, prœSTAre, proSTAre, reSTAre*, etc., de STAre, se tenir, être ferme, être debout. Souvenez-vous encore de ces vieux verbes à préfixes, tels que *posSIdere*, de *pos* pour *apos* (APAS), après, auprès, et de *sedere*, être assis, être assis sur, demeurer sur, occuper, *posséder*, en allemand *besitzen*, de *be* ou *bei*, auprès, sur (BHI, ABHI), et de *sitzen*, SItz, être assis, le même que le SEd des Latins, le EΔ des Grecs, le SAd des Hindous, etc. Plus effacé encore que *pos* dans *possidere*, nous apparait le préfixe *po* pour *apo* (APA) dans *poSInere* devenu successivement *poSnere* et *ponere*, comme le prouvent *poSui* et *poSItum*, jeter en bas, déposer. Dans ces faits lexiques, comme dans vingt autres que nous pourrions citer, le préfixe est tellement mêlé à la substance verbale elle-même, que les anciens Romains, durant leur passage sur la terre, ne soupçonnèrent peut-être pas l'existence de ces combinaisons.

Un mot encore. L'examen comparatif de ces témoins impartiaux qu'on nomme *Dictionnaires*, vous prouvera, quand vous le voudrez, que les SEPT DIXIÈMES du vocabulaire indo-européen, aux temps les plus reculés, sont constitués par des verbes composés à l'aide de préfixes et par les dérivés issus de ces compositions verbales. Vous n'aurez plus alors qu'à vérifier la vérité de ce fait, aujourd'hui reconnu par tous les orientalistes : IL N'Y A PAS UN SEUL VERBE COMPOSÉ DANS TOUT LE SÉMITISME.

Ici finit notre parallèle. La comparaison des flexions et des formes syntaxiques, tout en nous faisant voir de plus en plus clairement la différence profonde des deux constitutions intellectuelles mises en présence, ne saurait rien ajouter à la démonstration de notre thèse de linguistique appliquée à l'ethnographie. En montrant comment le génie ariaque et le génie sémitique ont, chacun de leur côté, spontanément créé des étoffes lexiques diverses ; en prouvant que chacune des deux races créatrices a opéré les combinaisons premières et les plus indispensables de ces étoffes d'après des procédés propres et diamétralement opposés à ceux de l'autre race, j'ai démontré scientifiquement, par des faits sans cesse vérifiables d'histoire naturelle du langage, la diversité originelle de la constitution mentale, et, par conséquent, de l'organisation cérébrale dans l'une et dans l'autre race; j'ai prouvé que les Ariens et les Sémites sont deux variétés primitives de notre espèce, j'ai prouvé la pluralité originelle des races humaines.

Et maintenant, pour finir par où j'ai commencé, il me reste à expliquer en peu de mots l'épigraphe que j'ai empruntée à l'illustre auteur de l'*Esquisse d'une philosophie.*

La question de la pluralité originelle des races, dit Lamennais, « est le fondement de toute la théologie dogmatique ». Cela est vrai, et si je le répète après la démonstration que je viens de terminer, c'est que la valeur et l'autorité de l'enseignement théologique font encore partie des plus sérieuses préoccupations du moment.

Après avoir respectueusement écarté de la discussion l'œuvre sublime de Jésus, voyons quel est, dans ses grandes lignes, le système de la théologie dogmatique dite chrétienne. D'après les théologiens, qu'est-ce que le christianisme considéré dans son essence, dans ce qui le fait lui, dans ce qui l'établit comme parfaitement distinct de toute autre secte de la religion universelle? La foi en un évangile du royaume de Dieu, rétabli par Jésus-Christ en faveur de l'homme déchu de sa première innocence.

Or, il y a là tout un plan de rédemption dont voici les trois idées principales :

I. Lors de la création d'Adam et d'Ève, établissement sur la terre du royaume de Dieu (*regnum Dei*).

II. Renversement de ce royaume, ici-bas du moins, par la révolte de nos premiers parents.

III. Rétablissement du royaume divin par le médiateur Jésus, car, selon saint Paul, tous les hommes ont été rachetés et sanctifiés par une seule victime, le Christ, de même que tous avaient péché par le crime d'un seul homme, Adam.

Vous le voyez, pour saint Paul comme pour les deux rédacteurs de la *Genèse*, tous les hommes de toutes les races sont enfants d'Adam. Pour le disciple du juif Gamaliel comme pour les auteurs des premières annales sémitiques, Adam et Ève commirent dans le paradis terrestre un double péché de désobéissance et d'orgueil. Sur ces deux faits franchement acceptés comme historiques, saint Paul assied la première pierre de tout l'édifice de la dogmatique chrétienne : Le péché d'Adam et d'Ève fut aussi le péché de tous leurs descendants; tous les hommes naissent criminels, tous, en venant au monde, sont détestés de Dieu (*filii iræ*).

Or, de ces deux assertions bibliques : — *Tous les hommes viennent d'Adam*, — et — *Adam fut prévaricateur*, — la première n'appartient pas seulement au domaine de l'histoire proprement dite, mais bien encore à l'ordre des faits physiques et physiologiques dont l'ensemble porte le nom d'*histoire naturelle*. Nous venons de voir comment la linguistique, la branche la plus élevée de l'histoire naturelle des races, résout cette question que les théologiens ont faite si grave, si décisive : *Tous les hommes proviennent-ils d'un couple unique?*

FIN.

TABLE DES MATIÈRES.

FIN DE LA TABLE DES MATIÈRES.

On trouve à la même Librairie

OUVRAGES DE M. CHAVÉE :

FRANÇAIS ET WALLON, parallèle linguistique. 1 volume in-18. . . . . 3 fr.

LA PART DES FEMMES dans l'enseignement de la langue maternelle. 1 vol. in-18. . . . . 3 fr.

F. GÉNIN. **Maistre Pierre Patelin**, texte revu sur les manuscrits et les plus anciennes éditions, avec une introduction et des notes; édition de luxe tirée à 300 exemplaires. 1 vol. gr. in-8, cartonné toile, doré en tête. — Nota. Chaque exemplaire est numéroté . . . . 20 fr.

F. GÉNIN. **Récréations philologiques**, ou Recueil de notes pour servir à l'histoire des mots de la langue française. 2e édition. 2 vol. in-18 jésus. . . . . 7 fr. 50

F. GÉNIN. **La Chanson de Roland**, poëme de Théroulde, texte critique accompagné d'une traduction, d'une introduction et de notes. 1 vol. grand in-8. . . . . 15 fr.

P. POITEVIN. **Dictionnaire de la langue française**, glossaire expliqué de la langue écrite et parlée, 4e édition, revue, corrigée et augmentée. 1 vol. grand in-8 de 1056 pages.

Broché. . . . . 9 fr.
Cartonné en toile . . . . 10 fr. 50
Relié en basane. . . . . 11 fr.

P. POITEVIN. **Dictionnaire-Manuel de la langue française**, suivi d'un sommaire des principales difficultés grammaticales. 1 vol. in-32 jésus de 700 pages.

Broché . . . . 1 fr. 50
Demi-reliure chagrin. . . . . 2 fr. 75
Cartonné en toile. . . . . 2 fr. 50
Cartonnage classique. . . . . 2 fr.

Paris. — Imprimerie de L. Martinet, rue Mignon, 2

www.ingramcontent.com/pod-product-compliance
Ingram Content Group UK Ltd.
Pitfield, Milton Keynes, MK11 3LW, UK
UKHW031946260826
14628UKWH00004B/1890

9 782016 176603

MÉMOIRE

SUR LES

SUCS ASTRINGENTS

CONNUS SOUS LES NOMS

DE

CACHOU, GAMBIR ET KINO;

PAR M. GUIBOURT,

PROFESSEUR A L'ÉCOLE DE PHARMACIE,
MEMBRE DE L'ACADÉMIE ROYALE DE MÉDECINE, ETC.

1847

MÉMOIRE

SUR LES

SUCS ASTRINGENTS

CONNUS SOUS LES NOMS

DE CACHOU, GAMBIR ET KINO.

PARTIE HISTORIQUE.

§ I. *Sur le cachou.*

Le cachou est une substance astringente dont l'emploi est très-ancien chez les peuples qui habitent les contrés méridionales et orientales de l'Asie, et qui leur sert principalement à composer un masticatoire dont l'usage est aussi général que celui du tabac dans d'autres parties du globe. Ce masticatoire, formé de cachou, de noix d'arec et d'un peu de chaux, le tout enveloppé d'une feuille de bétel, rougit fortement la salive et colore les dents d'une manière désagréable; mais il paraît être utile dans ces climats, pour remédier au relâchement des gencives et à la débilité des organes digestifs. Le cachou est aussi très-utile dans l'Inde comme médicament et pour la teinture.

Beaucoup d'auteurs ont admis, après Garcias ab Horto, que le cachou avait été connu des anciens Grecs, et que c'est le *lycium de l'Inde* de Dioscoride. Malgré l'avis contraire du Savant M. Royle (*Annales des sciences naturelles,* 1834, Botanique, t. II, p. 183), il m'est difficile de ne pas partager l'avis de Garcias; mais quel que soit le parti que l'on prenne dans cette discussion, il convient de reconnaître que le cachou n'a été connu dans l'Europe moderne que vers le milieu du XVIIe siècle, et qu'il a été mentionné d'abord par Schrader dans un appendice à sa pharmacopée, sous le nom de *terra japonica* ou de *catechu*. Pendant longtemps il n'a été employé que pour la médecine, et la consommation en était assez bornée; mais en 1829 on a commencé à l'appliquer en France à la teinture des étoffes, et dès lors l'importation s'en est accrue d'une manière extraordinaire, ainsi qu'on peut le voir dans le tableau suivant, dont les résultats ont été puisés dans ceux que l'administration des douanes publie chaque année sur le commerce de la France.

Tableau de l'importation du cachou en France, à partir de 1827.

ANNÉES.	QUANTITÉS IMPORTÉES.	DROITS A PERCEVOIR par 100 kilos et par navires français			DROITS à percevoir par 100 kilos et par navires étrangers.	MONTANT des droits perçus.
		de l'Inde.	d'ailleurs hors d'Europe.	des entrepôts d'Europe.		
	k.	fr.	fr	fr.	fr. c.	fr.
1827	268	100	100	100	107,50 (1)	295
1828	382	*id.*	*id.*	*id.*	*id.*	420
1829	191	*id.*	*id.*	*id.*	*id.*	210
1830	573	*id.*	*id.*	*id.*	*id.*	630
1831	286	*id.*	*id.*	*id.*	*id.*	314
1832	6.062	*id.*	*id.*	*id.*	*id.*	6.752
1833	17.062	*id*	*id.*	*id.*	*id.*	18.882
1834	33.767	25	25	25	27,50 (2)	20.756
1835	76.609	*id.*	*id.*	*id.*	*id.*	21.098
1836	180.095	*id.*	*id.*	*id.*	*id.*	48.135
1837	291.240	*id.*	*id.*	*id.*	*id.*	77.761
1838	548.785	*id.*	*id.*	*id.*	*id.*	145.921
1839	426.543	*id.*	*id.*	*id.*	*id.*	108.035
1840	386.855	*id.*	*id.*	*id.*	*id.*	98.595
1841	474.925	15	22	36	50,00 (3)	120.535
1842	328.773	10	*id.*	*id.*	*id.* (4)	50.513
1843	249.795	*id.*	*id.*	*id.*	*id.*	27.044
1844	319.230	*id.*	*id.*	*id.*	*id.*	36.846
1845	225.342	*id.*	*id.*	*id.*	*id.*	25.025

(1) L'importation du cachou par terre est interdite.
(2) Par ordonnance du 8 juillet 1834, confirmée par la loi du 2 juillet 1836.
(3) Loi du 6 mai 1841.
(4) Par ordonnance du 26 juin 1842, confirmée par la loi du 9 juin 1845.

On voit par ce tableau qu'à partir du moment où le cachou a

été appliqué à la teinture jusqu'en 1838, l'importation s'en est élevée d'une quantité moyenne de 282 kilogrammes à celle de 548.785 kilogrammes; de telle sorte que malgré la suppression des trois quarts du droit opérée en 1834, les droits perçus se sont élevés de 308 francs (moyenne de 1827,28 et 29) à 145.921 francs Mais à partir de cette époque et malgré deux nouvelles réductions de droits, l'importation a diminué et n'a été en 1845 que la moitié de celle de 1838. J'attribue cette diminution à ce que de 1838 à 1842 on a dû tenter d'appliquer le cachou au tannage, ce qui en aura augmenté considérablement la consommation; mais l'expérience n'aura pas tardé à faire reconnaître que le cachou est très-peu propre au tannage, et qu'il l'est même d'autant moins qu'il est mieux préparé et plus près de son état primitif, c'est-à-dire plus exclusivement composé d'acide cachutique. Il en résulte que l'importation actuelle me paraît représenter la quantité de cachou nécessaire à l'industrie des toiles peintes, et qu'une nouvelle réduction de droit n'aura probablement pas pour effet d'en augmenter la consommation. Une dernière remarque, relative au tableau précédent, est qu'il comprend sous le nom de *cachou* non-seulement les véritables cachous tirés de l'*areca* et de l'*acacia catechu*, mais encore les *gambirs* dont les propriétés sont tout à fait comparables à celle des cachous, et qui ne sont jamais entrés en France sous le nom et en acquittant le droit du *kino*, comme M. Natalis Rondot l'a supposé dernièrement. C'est plutôt le *kino* qui, en raison du droit élevé dont il est resté frappé, comme espèce médicinale, a pu quelque fois entrer en fraude sous le nom de cachou. Depuis 1843 que le kino est spécialement dénommé au tarif, il n'en a été déclaré à l'importation que 1 kilogramme en 1844 et 22 kilog. en 1845.

Suivant Murray (*Apparatus medic.*, t. II, p. 546), le nom *catechu*, qui a passé presque sans altération dans plusieurs langues européennes, est tiré de *cate* nom de l'arbre, et de *chu* qui signifie *suc* dans la langue du pays. J'ignore de quelle langue Murray a voulu parler, mais je n'ai trouvé ces mots dans aucun des idiomes de l'Inde. Garcias nomme l'arbre au cachou *hacchic*, et c'est le cachou lui-même qu'il appelle *cate* (arom. cap. 10). Garcias décrit d'ailleurs très-imparfaitement l'arbre au cachou, bien qu'il soit très-probable qu'il ait voulu parler d'un acacia. D'après lui, c'est un arbre hérissé d'épines, de la grandeur d'un frêne, à feuilles très-petites et persistantes, à bois dur, compacte et incorruptible. Pour en extraire le cachou, on pile les rameaux de l'arbre et on les fait bouillir dans l'eau. On y ajoute quelque fois de la raclure d'un certain bois noir croissant au même lieu et de la farine de *nachani*, qui est une semence noire et menue de la saveur du seigle et propre à faire du pain. Le produit de la décoction, concentré, sert à faire des pastilles ou des tablettes qui constituent le cachou.

J'ai mis une certaine importance à déterminer quelle est la semence de *nachani* dont parle Garcias, parce qu'il me paraît très-probable que c'est encore la même que l'on trouve mêlée à deux sortes de cachou, à savoir celui *en boules*, *terne et rougeâtre*, et surtout le *cachou noirâtre*, *orbiculaire et plat* qui en contient une grande quantité. J'avais pensé d'abord que ce pouvait être la graine d'un *panicum*, parce qu'il existe un rapport marqué entre le nom que lui donne Garcias et les noms *cungnie* et *chenna* que portent les *panicum miliaceum* et *italicum* dans l'Inde, d'après Roxburgh et Ainslie; mais j'ai trouvé récemment dans un tableau des produits de l'agriculture de la province de Poona, dû au docteur Lush (1), le nom même *nachani* donné à l'*Eleusina coracana*, dont la semence globuleuse, brune noirâtre et légèrement striée, est couverte d'une enveloppe mince et transparente que Gærtner et Roxburgh désignent comme un arille. Je regarde donc comme à peu près certain que la semence amylacée dont parle Garcias, et qui, souvent encore aujourd'hui, est mêlée au cachou de l'Inde, est celle de l'*Eleusina coracana*.

Je pense qu'il serait inutile de répéter ici tout ce qui a été écrit sur la nature, l'origine et la préparation du cachou, et sur l'espèce d'arbre qui le produit. Je me bornerai à dire qu'après beaucoup de discussions, les opinions parurent fixées par un mémoire d'Antoine de Jussieu (*Mémoires de l'Acad. des sciences*, 1720, p. 340), qui, se fondant principalement sur les renseignements fournis par un chirurgien français résidant à Pondichéry,

---

(1) *Proceedings of the committee of commerce and agriculture*, June 1838, p. 62.

soutint l'opinion que tout le cachou, quelle que soit sa forme *en boules, en manière d'écorce d'arbre, ou en masses aplaties*, était extrait par infusion dans l'eau des noix d'arec coupées par tranches. Mais cette opinion a été renversée lorsque KERR, chirurgien anglais, eut fait publier dans le *Medical observations and enquiries* (t. V, p. 151) une description exacte de l'*acacia catechu* et de la manière d'en extraire le cachou : à partir de ce moment, et surtout à mesure qu'on oubliait davantage ce qui avait été écrit antérieurement, Kerr fut regardé comme l'auteur de la découverte de la véritable origine du cachou. Mais, quant à moi, il ne me paraît pas plus exact de dire que le cachou soit exclusivement tiré de l'*acacia catechu* que de l'*areca*.. Car si la première extraction est pratiquée dans les provinces septentrionales de l'Inde, la seconde est incontestablement usitée dans les contrées du Midi. Enfin, autant pour donner une idée plus exacte de cette question que pour rendre à chacun la justice qui lui est due, je traduirai ici par extrait un mémoire d'*Herbert de Jager*, bien antérieur à ceux de Keer et d'Antoine de Jussieu. On le trouve dans les *Miscellanea curiosa*, 1624, p. 7.

« On entend dans les Indes, sous le nom de *khaath* (que les nôtres nomment *catsjoe* et Garcias *cate*), tout suc astringent retiré par décoction de fruits, racines ou écorces, et épaissi, lequel étant mâché avec du bétel et de l'arec colore la salive en rouge.

» Ce suc desséché ne provient pas d'un seul arbre ; mais on le retire de presque toutes les espèces d'acacia qui sont pourvues d'une écorce astringente et rougeâtre et de beaucoup d'autres plantes ; et tous portent le nom de *khaath*, quoiqu'ils diffèrent en vertu et en bonté. Mais quoique ce *lycium* ou cachou soit réellement de plusieurs espèces, il y a cependant un arbre qui produit le meilleur et le plus estimé. On nomme cet arbre *kheir* en langage hindou et de Decan; *khadira* dans la langue sanscrite, *tsaanra* en tellingoo et *karangalli patti* chez les Malabares. Les forts rameaux sont pourvus d'une écorce cendrée, tandis que les pétioles des feuilles ailées sont couverts d'un épiderme rougeâtre, et sortent extérieurement du rameau entre deux épines opposées entre elles et recourbées. Les feuilles sont semblables à celles de l'acacia, quoique plus petites, ce qui me le fait ranger parmi les acacias. *Suivant ce qui m'a été rapporté, c'est de cet arbre, soit seul, soit mêlé à d'autres, que l'on confectionne au Pégu le* khaath, *qui est tellement célèbre qu'on le distribue par toutes les Indes.* Mais il y a encore un autre arbre épineux du genre de l'acacia, et à feuilles très-petites, qui est nommé en langage tellingoo *driemmi* et en sanscrit *siami*, duquel, suivant ce que j'ai entendu dire, le cachou est également retiré par l'intermède du feu. Cet arbre est tout hérissé d'épines courtes et élargies à la base. L'écorce des forts rameaux est raboteuse et d'une couleur jaune rougeâtre foncé; les rameaux sont assez disposés sans ordre et entremêlés; deux ou trois rejetons sortent d'une même branche et portent de petites folioles oblongues arrondies, d'un vert blanchâtre; de çà et de là sortent d'entre les feuilles et vers l'extrémité des rameaux, de petits fruits un peu arrondis; à peine oserai-je dire lequel de ces deux arbres a été indiqué par Garcias (1).

» Enfin, autour des monts *Gate* qui, commençant au cap Comorin, enferment tout le Malabar, le Canara, le Caucan et encore d'autres contrées plus septentrionales, on fabrique une grande quantité de cachou par un autre procédé qui m'a été communiqué par un gymnosophiste qui avait parcouru toutes ces provinces. Suivant cet homme, la noix d'arec, étant encore verte, est coupée par morceaux et mise à bouillir dans l'eau, avec un peu de chaux, pendant trois ou quatre heures, au bout desquelles *il se dépose une matière épaisse et féculente comme une bouillie, laquelle seule peut servir à fabriquer le khaath*; mais afin de

---

(1) Si, comme on n'en peut guère douter, l'arbre nommé *hacchic* par Garcias, est un acacia, il est extrêmement probable que c'est celui qui sert principalement à la préparation du cachou, c'est-à-dire le *kheir* ou *khadira* d'Herbert de Jager, ou *acacia catechu* des botanistes. Quant au second acacia épineux nommé par Herbert de Jager *driemmi* ou *siami*, je suis tout à fait porté à croire que c'est l'*acacia farnesiana*, sur l'autorité de Roxburgh qui rapporte à cette espèce un végétal dont il est question dans les *Recherches asiatiques* sous le nom de *sami*. Enfin Herbert de Jager indique plus bas, sous le nom d'*épine noire d'Égypte*, une troisième espèce d'acacia qui concourt quelquefois à la fabrication du Cachou de l'arec. Cette *épine noire d'Égypte* ne peut être autre chose que l'*acacia arabica*, très-commun dans l'Inde où il produit le fruit nommé *bablah*, le bois *diababul* et la *gomme de l'Inde*.

rendre le produit meilleur, on y ajoute de l'écorce de *tsjaanrá* ou acacia précédemment décrit, et de celle de *l'épine noire d'Égypte*, toutes deux récentes et macérées pendant trois jours dans de l'eau, laquelle est ensuite versée sur le dépôt précédent et bouillie pendant une heure. La matière épaissie est exposée au soleil, sur des nattes, jusqu'à ce quelle devienne presque dure. Alors on la réduit en petites masses qui sont transportées partout sous le nom de *khaath*. Mais ce produit n'est pas toujours pur, et la plupart du temps on y ajoute de l'argile ou du sable pour en augmenter la masse. »

Voici maintenant la description donnée par Kerr pour l'extraction du cachou de l'*acacia catechu* (1).

« Le cachou est préparé avec la partie interne du bois qui est d'un brun pâle, ou d'un rouge foncé, et même noir par place; la partie externe, qui est blanche, est rejetée. On divise le bois intérieur en copeaux et on en remplit un vase de terre à ouverture étroite, que l'on emplit d'eau jusqu'à la partie supérieure. Cette eau étant diminuée à moitié par la coction, on la verse dans un vase de terre plat, et on l'épaissit jusqu'à ce qu'il en reste seulement la troisième partie. Alors la matière étant reposée pendant un jour, dans un lieu frais, on la fait épaissir à la chaleur du soleil, en l'agitant plusieurs fois pendant le jour. Lorsque la masse a acquis une consistance suffisante, on l'étend sur une natte, ou sur un drap saupoudré de cendre de bouse de vache, et on la divise en morceaux *quadrangulaires*, dont on achève la dessiccation complète au soleil. Afin que l'extraction se fasse plus facilement, on se sert de fourneaux très-simples, consistant principalement en une voûte de terre cuite, placée sur un foyer creusé en terre, et percé de trous qui reçoivent les vases à extraction. Plus le bois est foncé en couleur, plus l'extrait obtenu est noir et de moindre qualité. On prend donc le bois d'un brun pâle, *d'où résulte un extrait plus léger et blanchâtre.*

» Cet extrait n'est pas préparé au Japon, d'où l'épithète de *japonica* ne lui convient pas. Il est apporté du Malabar, de Suratte, de Pégu et d'autres contrées de l'Inde; mais sa plus grande provenance paraît être de la province de Bahar. »

---

(1) Tirée de l'*Apparatus Medicaminum* de Murray, t. II, p. 545.

Beaucoup plus récemment, M. Royle a vu préparer le cachou avec le bois de l'*acacia catechu*, dans les passes de *Kheree* et de *Doon*. Seulement il ajoute que le suc épaissi est versé dans des moules d'argile qui sont généralement d'une forme carrée. Ce cachou est de couleur rouge pâle. Il suit la voie ordinaire du commerce par le Gange et nous arrive par Calcutta. L'échantillon de ce cachou que M. Royle a rapporté ressemble exactement à celui que j'ai décrit sous le nom de *cachou terne et parallélipipède* ou *cachou en écorce d'arbre* d'Antoine de Jussieu, dont l'origine se trouve ainsi définitivement constatée.

§ 2. *Sur le cachou de l'arec.*

Ayant, dans ce qui précède, exposé ce qu'il y a de plus certain sur la fabrication et les caractères du cachou de l'*acacia catechu*, je vais résumer de même ce qu'on trouve dans les ouvrages originaux, écrits par des hommes qui ont habité les Indes, sur les autres espèces de cachou.

J'ai déjà rapporté, d'après Herbert de Jager, la fabrication du cachou de l'*areca catechu*, qui diffère de celle mentionnée par Antoine de Jussieu, parce que, suivant ce dernier, la noix d'arec servirait seule à la fabrication de l'extrait; tandis que, suivant Herbert de Jager, on y ajouterait souvent une infusion de bois d'acacia. Ainslie admet aussi (*Materia indica*, t. I, p. 65) que, indépendamment du véritable cachou, on trouve dans les bazars de l'Inde deux autres substances de propriétés semblables, le *cutta camboo* et le *cashcuttie*, qui sont deux extraits différents préparés avec l'amande de l'*areca*. Le *cutta camboo* est apporté de Pégu; il est d'un brun clair, légèrement amer et très-astringent; les habitants les plus aisés le mâchent avec le bétel. Le *cashcuttie* est d'une qualité inférieure, presque noir, dur, très-amer et bien moins astringent que le premier : ce sont les natifs les plus pauvres qui en font usage. On en apporte une grande quantité d'Achem, mais il en vient aussi de Pégu. Tout deux sont maintenant préparés dans le Mysore, mais sont d'une qualité inférieure.

Cet article nous offre une distinction assez exacte du *cutta camboo* (Gambir) et du *cashcuttie* (cachou de Pégu); mais Ainslie se trompe en les croyant tirés de la noix d'arec. Je l'ai cité surtout pour sa dernière phrase qui nous apprend que dans le Mysore on prépare deux sortes de cachou avec la noix d'arec. Ce fait se trouve entièrement confirmé par la description suivante du docteur HEYNE, rapportée par M. Péreira dans sa Matière médicale, t. II, p. 937.

« Avec les semences de l'arec, on prépare un extrait qui constitue au moins deux des espèces de cachou des pharmacies. Cet extrait est préparé en grande quantité dans le Mysore, aux environs de Sirah, et de la manière suivante. Les noix d'arec étant prises telles qu'elles viennent sur l'arbre, sont mises à bouillir pendant quelques heures dans un vaisseau en fer. Elles sont alors retirées et la liqueur est épaissie en continuant l'ébullition. Ce procédé fournit le *kassu* ou le cachou le plus astringent, *lequel est noir et mêlé de glumes de riz et d'autres impuretés.* Après que les noix sont séchées, elles sont mises dans de nouvelle eau et bouillies de nouveau, et cette eau étant épaissie comme la première, fournit la meilleure et la plus chère espèce de cachou, nommée *coury. Celui-ci est d'un jaune brun, d'une cassure terreuse, et sans mélange de corps étrangers.* D'après ces caractères, il me paraît certain que le *coury* et le *kassu* sont les deux premières sortes de cachou que j'ai décrites sous les noms de *cachou en boules, terne et rougeâtre*, et de *cachou brun noirâtre, orbiculaire et plat.*

§ 3. *Sur le Gambir et le Cashcuttie.*

Ainsi que je viens de le rapporter, d'après Ainslie, on trouve dans les bazars de l'Inde deux substances différentes du cachou ; le *cutta gamboo* et le *cashcuttie*, que les caractères et la synonymie nous feront reconnaître plus tard pour être le *gambir* et le *cachou de Pégu* du commerce anglais. J'ai dit aussi que Ainslie se trompait en attribuant ces deux substances à *l'areca catechu*; je n'ai cependant qu'une seule autorité à lui opposer pour le cashcuttie ou cachou de Pégu, que Herbert de Jager dit être tiré principalement de *l'acacia catechu*; mais pour le gambir, les preuves abondent qui nous montrent que cette substance est extraite des feuilles de *l'uncaria gambir*, de la famille des rubiacées et de la tribu des cinchonées.

Extrait d'une lettre de KOENIG, *datée de Tranquebar*, *du* 16 *octobre* 1782. « TERRA JAPONICA. Le docteur Fothergill, adoptant l'opinion de Kerr, assure que cette substance provient du *mimosa spicata* de Pluckenet; moi j'en doute. Celle qui vient ici de la côte du Malabar, se nomme *malagalam* en tamoul. La vraie terre du Japon est nommée *kaskatti* par les mêmes et est mâchée par les gens pauvres avec le bétel, mais les gens opulents se servent d'un suc qui provient de Malacca nommé *cattu gambar*, lequel est extrait en abondance, par décoction, d'une espèce de *cinchona*. Suivant Kæmpfer, celui-ci est la véritable *terra japonica.* »

Kœnig, dans cette courte note, semble nier qu'aucune des trois substances dont il parle soit produite par un acacia. Celle qu'il nomme *malagalam* et qui vient du Malabar, est probablement le cachou de l'arec. Kœnig est d'accord avec Ainslie sur la distinction du *cashcuttie* et du *catta gambir*, et sur ce que le premier, moins estimé, ne sert qu'aux gens pauvres; tandis que le second est à l'usage des riches. Il ne dit rien de l'origine du premier, mais il indique clairement que le second est produit par une cinchonée qui ne peut être que *l'uncaria gambir*.

Extrait des observations de Hunter sur la plante qui produit le gutta gamber (*Transact. of the Linnean society*, IX, p. 218). « Les auteurs de matière médicale ont agité la question de savoir si les petits pains nommés *gutta gambeer* sont le produit du *mimosa catechu* ou d'une autre plante. Je puis résoudre cette difficulté, ayant vu extraire cette substance d'une espèce de *nauclea*.

» Deux procédés sont employés pour extraire le gutta gambeer des feuilles de cet arbuste (*nauclea gambir*). Suivant le premier, on fait bouillir dans l'eau les feuilles complétement privées de tige. On évapore la liqueur en consistance sirupeuse et on la laisse se solidifier par refroidissement. On la coupe alors en petits carrés que l'on fait sécher au soleil, en ayant soin de les retourner souvent.

» Le gambir préparé par ce procédé est de couleur brune; mais on en apporte de la côte malaise et de Sumatra, qui est sous forme de petits pains ronds, presque blancs. Selon le docteur Campbell de Bencoolen, cette sorte de gambir se prépare en faisant infuser dans l'eau, pendant quelques heures, les feuilles et les jeunes rameaux incisés. La liqueur étant passée *laisse déposer une fécule qui est épaissie à la chaleur du soleil et façonnée en petits pains ronds.*

» Le plus fréquent usage du gambir est d'être mâché avec les feuilles de bétel, de la même manière que le *kutt* ou cachou, dans les autres parties de l'Inde. On choisit, à cet effet, la sorte la plus belle et la plus blanche. Le gambir rouge étant d'un goût très-fort, et abondant, est exporté pour la Chine et Batavia, où il sert au tannage et à la teinture. Je suppose qu'il est bien approprié pour cet usage, et quelques expériences que j'ai faites dessus avec la gélatine animale, comparées à celles de Roxburgh sur le *kutt*, me le font juger plus riche en tannin que cette dernière substance.

» Le prix de cette drogue à l'île du prince de Galles, varie de quatre à huit dollars espagnols par *pécul*. La sorte la plus blanche et la plus fine, celle formée en petits pains ronds, se vend trois dollars 1/2 le *laxa* et le *laxa* pèse environ quarante catties; ce qui revient à quatre-vingt-quatre dollars pour un pécul.

» Le prix du sagou à l'île du prince de Galles est généralement de trois dollars par pécul. Là les fabricants de gambir l'altèrent souvent avec cette fécule qu'ils y mêlent intimement; mais on peut la découvrir par la solution du gambir dans l'eau. »

Extrait de la flora indica *de Roxburgh*, t. I, p. 518). « *Uncaria gambier. Gambier* est le nom malais d'un extrait préparé avec les feuilles de cette plante et qui joint à quelque douceur un principe astringent plus prononcé que dans le cachou. La préparation en est simple : les jeunes tiges et les feuilles sont hachées et bouillies avec de l'eau, *jusqu'à ce qu'il se dépose une fécule. Celle-ci est évaporée au soleil en consistance de pâte et jetée dans des moules de forme circulaire.* C'est ainsi que se fait le gambir, d'après le docteur Campbell; mais dans d'autres parties orientales du golfe de Bengale, les feuilles et les jeunes pousses sont bouillies dans l'eau et la liqueur est évaporée sur le feu et à la chaleur du soleil, jusqu'à ce qu'elle soit assez épaissie pour être étendue mince et coupée en petits pains carrés. »

Suivant M. Bennett, la méthode usitée à Singapore pour faire le gambir cubique consiste à faire bouillir deux fois les feuilles avec de l'eau, dans un chaudron nommé *qualie*, fait en écorces d'arbre cousues, avec un fond en fer battu. Les feuilles épuisées et égouttées servent de fumier pour les plantations de poivre. La décoction est évaporée en consistance d'extrait ferme, lequel est d'un brun clair, jaunâtre et comme terreux. On place cet extrait dans des moules oblongs dans lesquels il se solidifie. Ensuite on le divise en cubes et on le fait sécher au soleil sur une plate-forme élevée. Hunter dit que cet extrait est quelquefois mélangé de sagou ; mais M. Bennet nie que cette falsification se pratique à Singapore. Le meilleur gambir est apporté de Rhio, dans l'île de Bintang. Le meilleur ensuite est celui de Lingin (PEREIRA, *Elements of mat. med.*, t. II, p. 1434).

Je termine ces citations sur le gambir par quelques notes extraites d'un mémoire de M. Natalis Roudot écrit en 1845 à bord de la corvette l'Alcmène, et adressé par lui à M. le Ministre de l'agriculture et du commerce.

Le gambir se nomme en chinois *Ping-lang-kau* ou *Shii-leong*. Le plus estimé vient de Siak, sur la côte nord-est de Sumatra. Il est en petits gâteaux à base circulaire ou elliptique de 7 à 9 millimètres de hauteur sur 28 à 31 millimètres au grand axe ; le petit diamètre étant moindre de 2 millimètres seulement. Il offre une couleur de nankin rougeâtre, une apparence terreuse et une substance intérieure tendre, légère, blanchâtre, tachant les doigts. Il est d'une saveur très-faiblement amère avec un arrière-goût sacré.

La surface des pains conserve souvent l'empreinte de la toile sur laquelle ils ont été séchés. Ils sont toujours très-secs. Ce gambir n'est destiné qu'à être mâché. Il est souvent falsifié avec de la fécule de sagou.

Le second gambir vient des environs de Rhio et de Riouw, dans l'île de Bintang. Il est en petites tablettes carrées de 4 à 6 millimètres de hauteur sur 26 à 29 millimètres de côté. D'autres fois les tablettes sont rectangulaires et ont de 29 à 31 millimètres de longueur sur 25 à 30 de largeur. Ce gambir est d'un blanc verdâtre ou d'un vert clair, avec des taches blanches dans l'intérieur. Il est d'une apparence terreuse, léger, friable, un peu sablonneux sous la dent. Il a une saveur astringente, faiblement amère, avec un arrière-goût sucré très-prononcé.

Le troisième gambir vient de l'île de Singapore. Il est en parallélipipèdes rectangles de 42 à 45 millimètres de hauteur, sur 7 à 9 millimètres de côté. Il est rougeâtre ou brun jaunâtre à l'extérieur et d'un jaune brunâtre en dedans. Il a une cassure terne et terreuse, mais il est mou et collant. Les faces sont striées par l'effet du coupage au couteau ; les arêtes et les angles sont souvent émoussés par des gouttelettes ou des linéoles d'une matière résinoïde brunâtre, qui se maintient assez longtemps visqueuse et colle les parallélipipèdes entre eux. Il a une saveur amère astringente avec arrière-goût sucré.

Gambir du commerce. Il vient de Singapore et de Rhio. Celui-ci est supérieur en qualité. Il se présente en cubes ou en parallélipipèdes à faces rectangulaires ou losangées de 21 à 26 millimètres de hauteur, 26 à 30 de largeur et 28 à 33 de longueur. Il a une couleur brune noirâtre ou d'un brun chocolat foncé; l'intérieur est d'un jaune brun clair. Les angles et les arêtes sont émoussés par les bavures d'une substance résineuse qui fait adhérer les pains entre eux. Ce gambir est compacte, tenace, quelque peu visqueux lorsque la cassure est récente. Il est trop pâteux et trop mou pour pouvoir se briser. Il s'étire plutôt dans les doigts comme une argile plastique. Il a une saveur astringente et amère avec un arrière-goût sucré agréable. Les pains ont une de leurs faces finement treillisée par l'empreinte de la toile sur laquelle ils ont été coupés et séchés. Ils sont en général souillés de petits débris de feuilles de bananier, de fibrilles de palmiers et d'*alans* (espèce de souchet).

La fabrication du gambir se pratique principalement à Rhio, Singapore, Sumatra et Malacca. Presque partout elle est entre les mains de chinois émigrés de *Fokien*, de *Canton*, d'*Ainan*, etc. Partout la culture du *nauclea* et celle du poivre sont inséparables, les feuilles épuisées du premier formant un bon engrais pour le second. On cueille les feuilles du *nauclea* toute l'année. Pour préparer le gambir, on remplit avec ces feuilles une chaudière dont le fond est en fer fondu très-mince, et les parois en écorces d'arbre cousues et maintenues à l'aide de tringles de bambou et de rotin. On ajoute dans la chaudière une grande quantité d'eau, et l'on fait bouillir pendant cinq heures. Alors on enlève les feuilles avec une fourche à trois dents, et l'on continue l'ébullition pour concentrer la liqueur. Une noix de coco vide suspendue au milieu et à la surface du liquide reçoit les écumes et débris que l'ébullition y rejette.

Lorsque le liquide est en consistance sirupeuse, on l'épuise avec une cuiller et on le verse dans de petits baquets. On le verse enfin dans des moules où il prend, en se refroidissant, une consistance comparable à celle du savon, et où il s'égoutte. Lorsque la masse est assez solide, on la divise à l'aide de fils, comme on le fait pour couper le savon, et ensuite en plus petits carrés, au moyen d'un couteau. On en continue la dessiccation au soleil, et on la termine en posant le gambir sur des claies placées au-dessus de fourneaux en terre, où l'on fait un peu de feu.

Quatre corbeilles de feuilles d'un volume total de 800 décimètres cubes, rendent 35 cattys ou 21,150 kilogrammes de gambir.

§ 4. *Sur la gomme de Gambie et le kino.*

En 1757, le docteur Fothergill fit mention pour la première fois d'une gomme rouge et astringente apportée de la rivière de Gambie, et dont voici la description :

« La nouvelle gomme astringente qu'on a découverte en Afrique est épaisse et cassante, de couleur rouge tirant sur le noir, et d'ailleurs fort opaque. Si cependant on la casse en petites parcelles, elle paraît rouge et transparente. Elle n'a pas d'odeur; mise dans la bouche, on la trouve fortement astringente quoique agréable. La plus grande partie s'y dissout promptement; rien n'est en même temps plus styptique. Si on la jette dans l'eau, les six septièmes s'y fondent promptement, en lui communiquant un goût astringent et une couleur rouge foncée. Ce qui reste sans se dissoudre semble résineux. Cette gomme diffère de celle du Sénégal en ce qu'elle est beaucoup plus cassante; du sang dragon par sa solubilité dans l'eau, et des deux par sa stypticité remarquable Sans ces différences on la prendrait, à l'apparence, pour du sang-dragon. »

A la suite de cette description, Fothergill transcrit, comme pouvant se rapporter à la même substance, l'extrait suivant des instructions données en 1733 à Moore, alors facteur à Brucoë, sur la rivière de Gambie :

« Il y a une liqueur rouge qui coule abondamment d'un arbre » nommé *pau de sangue*, et qui s'épaissit en une gomme d'un » très-grand prix ; vous ferez tous vos efforts pour vous en pro- » curer. »

« En réponse à cette instruction, Moore envoya une gomme que l'on prit pour de l'adragante. Il se donna beaucoup de soins pour en faire ramasser ; mais sur des quantités de 10 à 12 livres, il avait beaucoup de peine à trouver 2 livres de vraie gomme adragante. Le reste était de la gomme de Sénégal d'une qualité inférieure. »

On peut conclure de cette description que Moore n'a pas connu le produit rouge astringent du *pau de sangue*. Car cet arbre, reconnu plus tard par Mungo Park pour être un *pterocarpus* (*Pt. erinaceus* Lamk.), fournit véritablement un suc rouge très-analogue au kino. Mais Park lui-même, tout en annonçant que ce suc peut être recueilli abondamment, dit qu'aucune quantité n'en est livrée au commerce. Jackson ne le mentionne pas non plus parmi les produits exportés de Mogador, ni M. Vinterbottom dans la description de *Sierra-Leone*. Ces autorités réunies me font penser que ce produit ne nous est probablement jamais parvenu par la voie du commerce. C'est également ce qu'on peut conclure des deux descriptions suivantes :

« Quand on fait une incision au tronc ou aux branches du *Pterocarpus erinaceus*, le suc coule d'abord avec une couleur rouge très-pâle et sous un état tout à fait liquide ; mais il se solidifie promptement, devenant d'un rouge de sang foncé, et tellement friable, qu'on éprouve de la difficulté à le recueillir (Gray, *Travels in western Africa*). »

« Le bois de cet arbre est rougeâtre, d'un grain fin et très-dur. Lorsqu'on entaille une partie quelconque du tronc et des branches, il suinte des vaisseaux situés sous l'écorce, un suc rougeâtre qui, par son exposition à l'air, durcit et devient noir. Cette substance gommeuse, par conséquent soluble dans l'eau, est brillante, friable, et d'une saveur astringente. Elle a été considérée comme analogue à la gomme kino des officines ; mais nous ne l'avons pas vu extraire pour les usages pharmaceutiques (Perrottet, *Flore de Sénégambie*, p. 230). »

Maintenant, comment se fait-il que cette substance, qui ne

nous est peut-être jamais parvenue, ait cependant été admise dans toutes les pharmacopées? En 1774, dans celle d'Édimbourg, où elle figure pour la première fois sous le nom de *kino*; en 1786, dans celle de Wirtemberg; dans celle de Londres en 1787, et depuis dans toutes les autres; et que jamais les pharmaciens n'aient manqué à en délivrer? C'est que, aussitôt que le suc rouge et astringent de la Gambie a été demandé, faute d'en avoir, on a délivré, en son lieu ou place, d'autres sucs analogues arrivés de toutes les parties du monde : de la Jamaïque, du Mexique, de la Colombie, de l'Inde, des Moluques et de la Nouvelle-Hollande; qui tous ont été attribués au *pterocarpus erinaceus*. N'ai-je pas moi-même décrit, comme étant la véritable gomme astringente de Gambie, une substance qui paraît avoir découlé spontanément dans l'Inde, et sous la forme de très-petites larmes, du *butea frondosa?* Mais comment n'y aurais-je pas été trompé, quand cette substance, trouvée au fond d'un ancien magasin de drogueries à Londres, était étiquetée *gomme rouge astringente*, était supposée venir d'Afrique, et quand elle offrait d'ailleurs tous les caractères physiques des petites larmes noires et opaques en apparence, que l'on observe sur les branches et les fruits du *pterocarpus erinaceus* conservés dans les herbiers? Il paraît certain cependant qu'une substance tout à fait semblable a été rapportée de l'Inde par M. Beckett, avec l'indication qu'elle découle du *butea frondosa*; qu'elle porte dans le nord de l'Inde le nom de *kuenee* ou *kueni* (en sanscrit, *kin-suka*), et qu'elle est utilisée dans le nord de l'Inde pour précipiter l'indigo et pour le tannage (Pereira, *Mat. Med.*, t. II, p. 1620).

J'ai dit ailleurs que j'avais vainement cherché l'origine du mot *kino*. Je crois que M. Pereira a été plus heureux, lorsqu'il a regardé ce terme comme une altération du nom *kueni* que porte la gomme de *butea* dans l'Inde. Cette substance serait alors le véritable *kino*, confondu d'abord avec la gomme astringente de Gambie, et dont le nom aurait été étendu depuis à tous les sucs rouges et astringents fournis par le commerce.

§ 5. *Sur la nature chimique des sucs astringents.*

Lorsque j'écrivais ce Mémoire en 1840, à l'occasion de plusieurs notes insérées dans les *Bulletins de la société industrielle de Mulhouse* et dans le *Journal de Pharmacie*, notes desquelles il me paraissait résulter que les fabricants et les chimistes étaient généralement dans la fausse croyance que les sucs astringents du commerce étaient une seule et même substance qui ne différait guère que par la forme (1), j'avais l'intention de faire l'analyse chimique de tous ceux que je possède. Mais étant bien loin d'avoir pu exécuter un travail aussi considérable, je me bornerai à donner, quant à présent, une description aussi complète et aussi exacte que possible de ces différentes matières. Je dirai préalablement quelques mots de l'acide cachutique dont les propriétés doivent être connues si l'on veut se faire une juste idée de la composition des cachous et gambirs, et comprendre comment on peut, soit tirer d'un même végétal des extraits fort dissemblables, soit obtenir des produits presque identiques d'arbres tout à fait différents.

M. Berzélius est le premier qui ait précisé la nature chimique du cachou. Pour en obtenir le principe astringent, qu'il a nommé *tannin du cachou* ou *acide mimotannique*, il épuise le cachou par l'eau, ajoute à la liqueur limpide un peu d'acide sulfurique, et sépare par la filtration le précipité peu abondant qui se forme. Il verse alors dans la liqueur une quantité plus considérable d'acide concentré qui y cause un nouveau précipité et en ajoute tant que la précipitation n'est pas terminée. On reçoit le précipité sur un filtre, on le lave avec de l'eau au même degré d'acidité que la liqueur; on le soumet à la presse, on le dissout dans l'eau bouillante, et on laisse refroidir. Il se précipite un composé d'apothème et d'acide sulfurique qu'on sépare par le filtre, tandis que la liqueur retient en dissolution celui d'acide sulfurique et de tannin. On y ajoute du carbonate de plomb jusqu'à cessation d'effervescence et jusqu'au moment précis où la liqueur ne con-

(1) Voir les numéros 59 et 64 du *Bulletin de la Société de Mulhouse* et les numéros de novembre 1839, et janvier 1840 du *Journal de Pharmacie*.

tient plus d'acide sulfurique; on filtre et on évapore dans le vide à siccité.

L'acide mimotannique, ainsi obtenu, forme une masse plus ou moins jaune, transparente, facilement soluble dans l'eau, dans l'alcool et l'éther. Le soluté aqueux rougit à l'air, et en moins de 12 heures toute la liqueur devient d'un rouge foncé. Le soluté rouge évaporé à siccité, au contact de l'air, donne une masse transparente, d'un rouge foncé, qui ne se dissout plus complétement dans l'eau, et d'où l'éther extrait de l'acide mimotannique non altéré, en laissant la matière rouge qui est le produit de son oxygénation à l'air.

Le tannin du cachou forme avec les acides des composés insolubles dans une liqueur très-acide, mais solubles dans l'eau. Il se combine également aux bases salifiables et se distingue du tannin de la noix de galle en ce qu'il ne forme pas de composé insoluble avec la potasse. Il précipite les sels ferriques en gris vert et ne précipite pas l'émétique.

M. Berzélius, tout en ayant déterminé, comme on le voit, les principales propriétés du tannin du cachou, ne paraît pas l'avoir connu d'abord sous sa forme concrète et cristalline, puisqu'il admet, d'après Runge (*Traité de chimie*, Paris, 1831), que le cachou contient un composé cristallisable de son tannin avec une base indéterminée, composé que l'on obtient par l'évaporation spontanée du soluté éthéré de cachou, et qui n'est autre que le tannin du cachou lui-même, qui n'a pas subi l'altération que le premier procédé d'extraction lui fait toujours éprouver.

Pour obtenir l'*acide cachutique* (1), Buchner commence par épuiser le cachou par de l'eau froide. Il traite le résidu par l'eau bouillante et mêle la liqueur bouillante avec de l'acétate de plomb, jusqu'à ce que le liquide filtré ne conserve plus qu'une faible couleur de vin du Rhin, et l'on filtre bouillant. L'acide cachutique se précipite par le refroidissement, sous la forme d'un précipité blanc granulé, que l'on recueille pour le dissoudre de même dans l'eau bouillante. On clarifie au blanc d'œufs, on

(1) Je préfère ce nom aux termes *Catéchin*, *acide catéchutique*, *acide mimotannique*, *acide tannigénique*, qui ont été précédemment proposés.

renferme le soluté dans un flacon fermé où il cristallise. On purifie l'acide par de nouvelles solutions ou cristallisations.

M. Svenberg n'ayant pas trouvé assez pur l'acide cachutique obtenu par ce procédé, le fit redissoudre dans l'eau bouillante et le précipita par du sous-acétate de plomb. Le précipité plombique fut ensuite traité par le sulfide hydrique, puis lavé et traité par de l'eau chauffée à 90 degrés. La liqueur filtrée laisse déposer, par refroidissement, l'acide cachutique sous forme d'aiguilles blanches que l'on prive promptement de l'eau qui les mouille et que l'on sèche dans le vide, au-dessus de l'acide sulfurique.

L'inconvénient de ces deux procédés est de n'extraire l'acide cachutique que de la partie du cachou insoluble dans l'eau froide, et de négliger la quantité très-considérable qui existe dans le soluté aqueux. Néanmoins, M. Svanberg a beaucoup ajouté aux caractères de cet acide et en a déterminé la composition élémentaire ($C^{15}H^{10}O^{6}+H^{2}O$). Suivant lui, l'acide cachutique n'est pas plus acide que le sucre, et ne chasse pas l'acide des carbonates. Saturé d'ammoniaque, l'évaporation dans le vide suffit pour en séparer la base. L'acide libre ne précipite ni la gélatine, ni l'acétate de baryte, ni le nitrate d'argent. Il précipite l'acétate de chaux et l'acétate de plomb en blanc (1), colore en brun l'acétate de cuivre et forme un précipité rouge brun avec le chlorure d'or. Ses combinaisons avec les alcalis étant exposées à l'air deviennent rouges ou noires : *rouges* avec les alcalis carbonatés, *noires* avec les alcalis, caustiques. La matière rouge constitue l'*acide rubinique* ($C^{18}H^{12}O^{9}$), et la matière noire l'*acide japonique* ($C^{12}H^{8}O^{4}+H^{2}O$). On peut croire que ces deux acides résultent de l'action de l'oxygène de l'air sur l'acide primitif, et cependant, d'après l'analyse élémentaire, le premier serait seul un produit d'oxydation, et le second ne serait qu'une modification isomérique de l'acide cachutique.

Geiger, dans sa Pharmacopée universelle, a donné, suivant ce que je crois, le meilleur procédé pour extraire l'acide cachutique. Il traite le cachou pulvérisé par l'éther sulfurique, distille l'éther, lave le produit avec de l'eau froide, le traite ensuite par l'eau bouillante, et renferme la liqueur filtrée bouillante

(1) Comment alors a-t il pu être obtenu par le procédé de Buchner?

dans un vase de verre, à l'abri du contact de l'air. L'acide cachutique se précipite par refroidissement sous forme d'une matière blanche, grenue, cristalline, d'une saveur astringente et ensuite douceâtre.

Il réagit à peine comme acide, se dissout très-difficilement dans l'eau froide, très-facilement au contraire dans l'eau bouillante, ainsi que dans l'alcool et dans l'éther Il colore le soluté de perchlorure de fer en une belle couleur verte, sans aucun précipité, et trouble à peine le soluté de gélatine animale.

Ces propriétés de l'acide cachutique nous permettent de comprendre aujourd'hui pourquoi Herbert de Jager disait que *c'est seulement avec la matière féculente déposée par le refroidissement, dans la décoction de noix d'arec*, que l'on prépare le cachou, pourquoi même Heyne distingue deux sortes de cachou de l'arec, l'un noirâtre peu estimé (Kassu), extrait par une première décoction des semences; l'autre, jaunâtre et d'une qualité supérieure (Coury), obtenu par la seconde décoction des mêmes semences Hunter et Roxburgh distinguent d'une manière encore bien plus nette deux sortes de Gambir : le premier, obtenu par l'inspissation directe du décocté des feuilles de *nauclea*, est brun foncé et usité seulement pour le tannage et la teinture. Le second, qui est presque blanc ou jaunâtre, plus estimé, plus coûteux et usité comme masticatoire avec la noix d'arec et le bétel, *est formé seulement avec la fécule épaisse qui se dépose au fond des mêmes liqueurs.* Quant aux observateurs qui n'ont pas fait cette distinction dans le procédé et le produit, il faut qu'elle leur soit échappée.

La nature chimique des kinos est beaucoup moins connue que celle des cachous. Ils ont certainement beaucoup de propriétés communes et doivent tous résulter de l'oxygénation de principes d'abord très-solubles et incolores contenus dans les végétaux qui les fournissent. Devenus comparables alors à l'acide rubinique, ils ne sont plus solubles dans l'éther, mais sont encore très-solubles dans l'alcool et plus ou moins solubles dans l'eau. Il est du reste facile de concevoir que ces substances puissent jouir de propriétés très-différentes, depuis le *sandraçon*, que sa complète insolubilité dans l'eau, son entière solubilité dans l'alcool et sa fusibilité à la chaleur, rapprochent des corps résineux, jusqu'à l'*extrait de Ratanhia* du Pérou qui est entièrement soluble dans les deux menstrues précités.

DEUXIÈME PARTIE,

Contenant la description de tous les sucs astringents du commerce.

Premier groupe : CACHOUS.

N° 1. *Cachou en boules terne et rougeâtre.*

Histoire abrégée des drogues simples, 3e édit., n° 988. — Ce cachou est en masses du poids de 90 à 125 grammes, qui ont dû être arrondies d'abord, mais qui ont pris une forme plus ou moins anguleuse et irrégulière pendant leur dessiccation, ou par leur tassement réciproque. Il est d'un brun rougeâtre à l'extérieur et offre souvent des glumes de riz, reconnaissables à leur épaisseur et à leur face extérieure marquée d'un réseau à mailles carrées. Ces glumes ont dû servir à empêcher l'adhérence des pains avec le plan qui les supportait pendant leur dessiccation ; mais, en outre, ce cachou présente souvent à sa surface, et quelquefois à l'intérieur, deux autres enveloppes de graminée. L'une, qui est assez rare, est brunâtre, luisante et cependant finement rayée longitudinalement. Elle doit appartenir au tégument propre du fruit de l'*Eleusine coracana*. L'autre, qui est bien plus abondante, rouge, très-polie et brillante, peut se rapporter à l'enveloppe extérieure du même fruit. A l'intérieur, le cachou en boules offre généralement deux couleurs et deux consistances : près de la surface il est dur, d'un brun foncé, un peu brillant dans sa cassure ; au centre, il est d'un gris rougeâtre, friable et d'une apparence terreuse, et comme la séparation des deux couches n'est ni complète ni régulière, il en résulte que la fracture des pains est souvent veinée et marbrée de gris terne et de brun rougeâtre. La substance terreuse étant délayée dans l'eau et examinée au microscope, paraît entièrement formée d'aiguilles ou de prismes très-aigus, et la partie brune et compacte en offre elle-même une grande quantité. Ce cachou est friable sous la dent, se fond entièrement dans la bouche, et y produit une saveur très-astringente et un peu amère, suivie d'un goût sucré fort agréable. La poudre a la couleur de celle du quinquina gris.

Le cachou en boules traité par l'alcool à 90 degrés fournit les trois quarts de son poids d'extrait Le résidu, épuisé d'abord par l'eau froide, puis traité par l'eau bouillante, ne cède à cette dernière qu'une minime quantité d'amidon colorable par l'iode.

Le même cachou, traité d'abord par l'eau froide, forme une liqueur trouble comme une décoction de quinquina. La liqueur filtrée est peu colorée. Après plusieurs traitements successifs, les liqueurs évaporées ont fourni 55 parties d'extrait pour 100. Le résidu, non dissous, traité par l'alcool, a fourni 33 parties d'un nouvel extrait d'un beau rouge, et 7 parties de résidu paraissant formé principalement de glumes de graminées. La nature de ce résidu explique suffisamment la petite quantité d'amidon trouvée plus haut, et l'on peut dire que le cachou en boules n'en contient pas dans sa propre substance, qui est principalement formée d'acide cachutique cristallisé, et qui est entièrement soluble dans l'eau et dans l'alcool, employés l'un après l'autre.

100 parties du même cachou, chauffées dans une capsule de platine, se ramollissent, se boursouflent et produisent un charbon volumineux qui laisse en définitive 1,73 d'une cendre blanche, très-légère, de laquelle l'eau n'extrait qu'une très-petite quantité de chlorure et de sulfate alcalin. Le reste est formé principalement de carbonate de chaux et d'une certaine quantité de fer, peut-être phosphaté ; car, lorsque le dissoluté chlorhydrique, qui est d'un jaune verdâtre foncé, est évaporé à siccité, et que le produit est repris par l'eau, le chlorure de calcium se redissout seul et le composé ferrique reste sous forme d'une poudre rougeâtre qui se redissout de nouveau facilement dans l'acide et en est précipité par l'ammoniaque. La cendre, qui a été épuisée par l'acide chlorhydrique, laisse un résidu formé de sable quartzeux incolore et transparent.

Le cachou en boules était bien plus commun autrefois qu'aujourd'hui. C'est, sans aucun doute, la seconde sorte que Lemery dit être plus poreuse, moins pesante et plus pâle que la première. C'est le *cachou en boules* d'Antoine de Jussieu, et le *coury* de Heyne. C'est lui qui était employé dans les bonnes pharmacies de Paris de 1805 à 1815, et c'est le seul qui fût reçu à cette époque pour le service de la pharmacie centrale des hôpitaux civils de Paris. Mais, à partir de 1816, il a disparu peu à peu, et, depuis longtemps déjà, il est impossible de s'en procurer. Quant à l'arbre qui le produit, il me paraît indubitable que la semence de l'*areca catechu* est employée à sa fabrication, soit seule, soit avec addition d'écorce d'acacia. Je dois dire, cependant, que je n'ai jamais trouvé dans ce cachou, comme dans les deux sortes suivantes, de débris de bois d'acacia. Une fois j'y ai trouvé un fragment de myrobalan citrin, fruit astringent qui pourrait très-bien servir à la fabrication du cachou ; mais comme ce fait ne s'est pas représenté, je suis porté à le croire accidentel. En résumé, je crois que le *cachou en boules terne et rougeâtre*, ou *coury* de Heyne, est tiré des semences de l'*areca catechu.*

N° 2. *Cachou brun noirâtre orbiculaire et plat*, *de Ceylan.*

Je ne connais ce cachou que par un fragment qui m'a été envoyé par M. Christison, professeur à Édimbourg. Il est connu en Angleterre sous le nom de *Cachou de Colombo* ou *de Ceylan.* Il paraît être en pains ronds et plats de 5 à 6 centimètres de diamètre, sur 15 à 18 millimètres d'épaisseur. Il est couvert, sur ses deux faces, de glumes de riz, sans mélange de nachani. Il a une cassure nette, brillante et d'un brun noirâtre. Il est translucide dans ses lames minces, et homogène dans sa masse. Il se broie facilement sous la dent et offre une bonne saveur de cachou. Délayé dans l'eau et examiné au microscope, il paraît tout formé d'aiguilles agglutinées par une matière d'apparence gommeuse, dont quelques parties seulement se colorent en bleu par l'iode. Enfin M. Christison en a retiré par l'éther 57 pour 100 d'acide cachutique, ce qui justifie l'épithète d'*excellente qualité* que lui donne M. Pereira.

N° 3. *Cachou brun noirâtre amylacé.*

On trouve dans le commerce français deux variétés de ce cachou. La première (A), que j'y ai toujours vue, a été décrite dans l'*Histoire abrégée des drogues simples*, sous le nom de *Cachou brun noirâtre orbiculaire et plat.* Je la désigne aujourd'hui sous le nom de *Cachou brun et plat amylacé*. Il est en pains ronds et très-plats de 5 à 6 centimètres de diamètre et du poids de 30 à 60 grammes. Une des deux faces surtout présente une grande quantité de glumes de riz et de nachani. L'intérieur est brun, compacte, dur et pesant; mais à cassure très-inégale et médiocrement brillante. Délayé dans l'eau et vu au microscope, on y découvre encore des aiguilles d'acide cachutique, mais en petit nombre. La presque totalité de la matière est sous forme de masses gélatineuses, dont une grande partie se colore en bleu foncé par l'iode. Ce cachou donne par l'eau un extrait gélatineux, évidemment amylacé. Épuisé par de l'alcool à 56 degrés centésimaux, il laisse 52 pour 100 d'un résidu, partie blanc, partie rouge, dont la décoction aqueuse filtrée bleuit très-fortement par l'iode

Ce cachou, même en prenant les parties les plus pures, dégage une odeur animale très-marquée lorsqu'on le décompose au feu. Il laisse en dernier lieu 2,36 pour 100 d'une poudre grisâtre, de laquelle l'eau extrait une certaine quantité de chlorure, de sulfate et de carbonate alcalins. Le résidu fait moyennement effervescence avec l'acide chlorhydrique. On a chauffé, évaporé à siccité et chauffé au rouge obscur. Le résidu rouge, traité par l'eau, lui cède seulement du chlorure de calcium. Le résidu traité par l'acide chlorhydrique se dissout en partie, de nouveau, en prenant une forte coloration jaune. La liqueur étendue d'eau a formé, par la potasse caustique en excès, un précipité très-abondant d'oxyde ferrique. La liqueur filtrée a précipité de l'alumine par l'addition du chlorhydrate d'ammoniaque. Enfin la partie de la cendre qui s'est montrée tout à fait insoluble dans l'acide chlorhydrique, au lieu d'être formée en totalité de grains transparents de quarz, comme dans le cachou en boules, ne contient que très-peu de quarz mélangé dans une matière blanche, amorphe, assez douce au toucher, que l'on doit considérer comme un *silicate d'alumine*.

Les résultats précédents ont été obtenus avec le cachou brun amylacé le plus exempt d'impuretés, et ne doivent pas être attribués à des fragments de brique rouge qu'on y rencontre souvent. On y trouve aussi quelquefois de petits copeaux de bois d'acacia.

B. Cachou brun noiratre amylacé, intermédiaire (1). J'ai vu pour la première fois ce cachou à Paris, vers l'année 1836. Il est de la même nature que le précédent, et n'en diffère que par sa forme qui le rapproche un peu du *cachou en boules* n° 1.

Il est en masses dont le poids varie de 30 à 120 grammes. Quelques-unes sont plates; mais la plupart sont épaisses et arrondies, ou plutôt sont un peu cylindriques, les pains offrant souvent une surface supérieure aplatie comme l'inférieure. La face supérieure est généralement propre et privée de balles de riz ou d'autres corps étrangers. Mais la face inférieure en est fortement couverte, et offre souvent, en outre, des éclats de bois d'acacia et des fragments de brique rouge. Ce cachou est du reste dur, compacte, pesant, et présente une cassure presque noire, inégale et peu brillante.

Cent parties de ce cachou épuisées par l'alcool rectifié ont produit 50,8 d'extrait sec et 46 de résidu fortement amylacé. Ce résidu a fourni par la calcination 2,9 d'une cendre rougeâtre principalement formée de sulfate de chaux, d'alumine et d'oxyde de fer. Les sels solubles ont dû se trouver dans l'extrait alcoolique.

Analyse du cachou brun noirâtre amylacé intermédiaire.

1. Cent grammes de ce cachou pulvérisé ont été traités par de l'éther sulfurique dans un entonnoir à déplacement. La liqueur filtrée et verdâtre n'offre pas de séparation de couches; évaporée elle a fourni 11,70 d'un produit sec, jaune verdâtre, dur et grenu.

2. Ce produit traité par l'eau augmente de volume en s'hydratant et forme une masse solide. J'ai étendu d'une plus grande quantité d'eau, passé à travers un linge et exprimé (2). La liqueur filtrée précipite le sulfate de fer en vert noirâtre, et la gélatine en blanc jaunâtre caséeux; évaporée elle a fourni 2,25 d'un extrait (*b*) sec, rouge, transparent, et d'une forte saveur

(1) *Dark catechu in balls, covered with paddy husks.* Pereira.

(2) Le linge qui a servi à l'expression s'est teint en un *beau jaune* qui paraît résulter de la combinaison directe du tissu avec l'acide cachutique très faiblement oxygéné.

astringente. La matière blanche exprimée (*c*) ayant été traitée par 75 grammes d'eau portée à l'ébullition s'est dissoute incomplétement. La liqueur filtrée, étant renfermée dans une fiole bouchée, a fourni en quelques jours un abondant précipité d'une matière grenue et opaque, que l'on doit considérer comme l'acide cachutique pur, mais hydraté.

3. La portion de la matière (*a*) qui ne s'était pas dissoute dans l'eau bouillante, est une substance grasse et cireuse, de couleur verte, qui tache le papier comme un corps gras.

4. Lorsqu'on veut purifier l'acide cachutique en l'altérant le moins possible, il faut prendre une fiole qui contienne environ sept fois autant d'eau que l'on a d'acide. On verse cette eau dans un petit matras avec l'acide, on fait bouillir un instant et l'on filtre au-dessus de la fiole qui se trouve ainsi parfaitement remplie. On bouche la fiole et on laisse refroidir; après plusieurs jours, on jette le tout sur un linge, on exprime et on fait sécher.

5. L'acide cachutique se dissout avec une grande facilité dans l'ammoniaque. Le dissoluté qui est d'abord d'un jaune pur, prend bientôt la couleur d'une forte teinture de safran, c'est-à-dire rouge en masse et jaune sur les bords. A cette époque elle teint encore en jaune, mais ce jaune passe au nankin rougeâtre par le contact de l'air.

En évaporant la soluté ammoniacal à siccité, le résidu est en partie rouge et en partie noir, non entièrement soluble dans l'eau et dans l'alcool, mais très-soluble dans l'ammoniaque. La liqueur est d'un rouge très-foncé. Après deux nouvelles solutions et deux évaporations à siccité, la matière est devenue noire en masse, mais toujours rouge orangé dans ses lames minces. Elle est alors complétement insoluble dans l'eau et dans l'alcool, toujours très-soluble dans l'ammoniaque.

La potasse caustique en dégage de l'ammoniaque, ce qui montre que cette matière insoluble est composée d'alcali volatil et de l'un des acides formés par l'oxigénation de l'acide cachutique, peut-être de tous les deux.

6. L'extrait rouge, transparent et soluble *b* de l'alinéa 2, a été redissous dans l'eau et concentré. Au lieu de cristaux, il a formé des glèbes sphériques, transparentes et d'une couleur de

succin. 24 heures après, il s'y forme de petites concrétions blanches et opaques d'acide cachutique. L'eau mère est brun orangé.

L'eau mère de l'acide cachutique purifié (alinéa 2 et 4) se conduit comme la liqueur précédente, et toutes deux doivent être considérées comme le résultat du mélange d'une certaine quantité d'acide cachutique non altéré avec le *rouge soluble* qui paraît être le premier degré d'oxygénation du même corps.

7. Les glèbes sphériques dont il vient d'être parlé se dissolvent facilement dans l'eau froide et instantanément dans l'eau chaude. Lorsque la dissolution est faite à chaud et la liqueur concentrée, elle reforme, après 24 heures, des glèbes sphériques et transparentes semblables aux premières; mais bientôt après paraît un abondant précipité opaque d'acide cachutique ordinaire. Je pense que les glèbes transparentes ne sont qu'un état particulier d'hydratation de l'acide cachutique.

8. Les 100 grammes de cachou, qui avaient été épuisés par l'éther, ont été traités par l'alcool rectifié. L'épuisement a été difficile; l'extrait alcoolique sec (1) pesait 31 grammes et donnait avec l'eau un soluté trouble. La liqueur filtrée forme avec la gélatine un précipité couleur de chair, et avec le sulfate de fer au médium un précipité vert noir. Ce précipité, étendu d'eau distillée, forme une liqueur verte transparente; étendue d'eau ordinaire, elle prend la couleur bleu noir du tannate de fer et ne devient pas transparente.

9. Le cachou épuisé par l'alcool a été traité par l'eau, toujours par déplacement; mais l'écoulement du liquide devenant bientôt impossible, on a étendu de beaucoup d'eau, décanté la liqueur trouble et filtré à travers un papier poreux. Le liquide évaporé a fourni 12,8 d'un extrait sec de nature gommeuse et amylacée.

10. Le cachou, après avoir été traité deux fois par l'eau froide, a été étendu de 1 kilogr. d'eau et soumis à l'ébullition. La li-

---

(1) L'alcool distillé d'une dissolution de cachou offre toujours une teinte paillée qui devient rose après quelques jours. Cet effet est évidemment dû à une petite quantité d'acide cachutique, qui passe à la distillation.

queur forme une couenne à sa surface comme le ferait de l'amidon. Il est impossible de la passer autrement qu'à travers une toile claire, et en l'exprimant; mais alors presque tout passe au travers. La liqueur évaporée a fourni 31,7 gr. d'un produit sec de nature amylacée.

Voici les résultats de l'analyse :

Acide cachutique } Matière grasse } obtenus par l'éther	11,70
Extrait alcoolique rouge et astringent	31
Produit gommeux, par l'eau froide	12,80
Produit amylacé	31,70
Perte sur les deux derniers produits principalement	12,80.
	100,00.

Origine des trois cachous précédents. Il me paraît certain que ces trois cachous répondent également au *kassu* de Heyne ; mais il faut établir une grande différence, par rapport à la qualité, entre le premier et les deux autres. Le *cachou de Colombo* est un produit pur et bien préparé, et qui est tiré exclusivement de l'*areca catechu*, puisque l'*acacia catechu* ne croît pas à Ceylan (1). Mais il est évident que ces deux arbres concourent à la fabrication du *cachou brun noirâtre amylacé*; car, d'une part, la matière grasse que l'on y trouve me paraît une preuve de l'emploi de la noix d'arec, et de l'autre, la présence fréquente d'un bois brun et dur, indique l'usage de l'*acacia catechu*. Alors, résumant et comparant tous les documents acquis, voici, suivant ce que je pense, quelle est l'origine du *cachou brun noirâtre amylacé*.

Ainsi que l'indique Herbert de Jager, dans toutes les provinces occidentales de l'Inde on fabrique une grande quantité de cachou avec la noix d'arec. On en fait probablement plusieurs décoctions, et les liqueurs réunies, étant refroidies et reposées, donnent lieu à un abondant dépôt d'acide cachutique, qui sert à fabriquer le *coury* ou *cachou en boules terne et rougeâtre*; car il est certain que celui-ci provient des mêmes contrées que le cachou brun amylacé. Mais le dépôt étant séparé, il n'est nullement probable qu'on jette comme inutile la liqueur surnageante. On peut presque affirmer, au contraire, qu'on cherche à l'uti-

(1) Voir les éléments de matière médicale de M. Pereira, t. 2, p. 1588,

liser ; et c'est alors sans doute qu'on y fait bouillir du bois d'acacia et qu'on y ajoute, sur la fin, une matière amylacée, afin de donner à l'extrait une consistance qui le rende moins coulant et plus facile à sécher. Je ferai remarquer que l'analyse des cendres de ces deux sortes de cachou s'accorde bien avec le mode de préparation que je leur attribue. Le *coury* étant fabriqué avec un dépôt qui ne renferme qu'une petite partie du liquide dans lequel il s'est formé, doit contenir très-peu de sels solubles ; tandis que le *kassu*, qui provient de la concentration des liqueurs surnageantes, contient, non-seulement les sels solubles du végétal, mais encore ceux de l'eau ; aussi ses cendres contiennent-elles beaucoup de chlorure, de sulfate et de carbonate alcalins.

N° 4. *Faux cachou orbiculaire et plat.*

J'ai trouvé une fois cette substance dans le commerce, mélangée au *cachou brun et plat amylacé* (n° 3, A). Mais, tandis que celui-ci est un produit de l'Inde, qui contient une proportion encore considérable de cachou, la nouvelle matière est un produit tout à fait frauduleux et probablement fabriqué en Europe, avec une pâte amylacée teinte en rouge brunâtre un peu violacé, ou en rouge jaunâtre.

Cette substance est sous forme de galettes tout à fait plates, ou de petits pains circulaires bombés en dessus, de 4 à 6 centimètres de diamètre et du poids de 25 à 50 grammes. Elle est dure, compacte, à cassure un peu luisante ou terne. Elle est difficile à broyer sous la dent, avec indice d'un sable siliceux interposé ; elle a un goût de fécule de pomme de terre ; elle se gonfle dans l'eau et se conduit avec l'iode comme une matière panaire. Je suis presque honteux de dire que, suivant l'occasion, cette substance était vendue par le commerçant qui la possédait, tantôt comme cachou, tantôt comme sang-dragon. Je ne pense pas qu'il soit utile d'en parler plus longuement.

N° 5. *Cachou terne et parallélipipède.*

Ce cachou est en pains carrés de 54 millimètres de côté sur 27 millimètres d'épaisseur ; il est très-propre à l'extérieur et non mélangé de glumes de riz ; à l'intérieur il est un peu compacte et brunâtre près de la surface, mais tout à fait terne et grisâtre au centre. De plus, il est presque toujours disposé par couches parallèles comme un schiste, et facile à séparer en deux ou trois parties dans le sens de ces couches. Ainsi rompu, il forme des morceaux plats, noirâtres du côté extérieur, grisâtres à l'intérieur, et qui imitent assez bien l'écorce d'un arbre. Ces caractères méritent quelque attention par leur constance, car le cachou qui les présente est sans aucun doute celui qu'Antoine de Jussieu a désigné par les mots de *cachou en manière d'écorce d'arbre*. Jussieu l'attribuait comme les autres à l'*areca catechu*, mais M. Royle ayant rapporté un échantillon du cachou qu'il a vu préparer dans les provinces du nord de l'Inde avec le bois de l'*acacia catechu*, ce cachou s'est trouvé être exactement conforme à celui dont il s'agit ici.

Ce cachou, lorsqu'on l'épuise par l'alcool et par l'eau froide, laisse un résidu évidemment amylacé, ce qui le rend inférieur au *cachou en boules terne* et rougeâtre (n° 1). Dans le cours de 1820 à 1824, j'ai vu chez un droguiste une partie assez considérable de ce cachou, dont il a eu beaucoup de peine à se débarrasser à cause de sa forme inconnue dans le commerce. Lorsqu'enfin il a été épuisé il n'a plus reparu.

N° 6. *Cachou blanc enfumé.*

M. Pereira a reçu une seule fois cette substance de l'Inde sous le nom de *katha suffaed*, et le docteur Wallich lui a dit que *saffaed* ou *suffaed* voulait dire *blanc* ou *pâle*. Ce cachou est cependant noir à l'extérieur, dur et pesant comme une pierre; aussi pourrait-on le prendre, à la première vue, pour une pierre noircie; mais à l'intérieur, il est presque blanc (1) et d'aspect tout à fait terreux. Le plus grand nombre des pains pèsent environ 15 grammes et paraissent avoir eu la forme de parallélipipèdes carrés d'environ 27 millimètres de côté sur 15 millimètres de hauteur. Un autre pain du même poids s'est complétement déformé et a pris une forme lenticulaire. Deux autres du poids de 10 grammes, qui ont été de même carrés et noirs en dessous, paraissent s'être ouverts et déchirés par-dessus par la force de cristallisation de l'acide cachutique, lequel s'est

(1) Les morceaux cassés sont devenus rougeâtres en vieillissant.

fait jour pour former au dehors des circonvolutions en chou-fleur. Ce cachou forme pâte avec la salive avant de se délayer dans la bouche ; il possède une saveur astringente très-manifestement amère, peu sucrée et avec un arrière-goût de fumée. Cette dernière circonstance peut faire présumer que la couleur noire extérieure de ce cachou est due à ce qu'il a été séché à la fumée.

N° 7. *Cachou brun rouge polymorphe.*

Je possède deux variétés de ce cachou : la première (A) est d'un brun rougeâtre, terne à l'extérieur, toujours propre et sans aucun corps étranger adhérent ; à l'intérieur il est d'un brun noirâtre, brillant et compacte. Il offre cependant de petites cellules qui ont dû être rondes, mais qui se sont aplaties par l'affaissement des pains et qui paraissent à la coupe sous forme de cavités plus ou moins linéaires dans le sens horizontal. Ces cavités sont souvent remplies par de l'acide cachutique cristallisé, formant alors des taches ou des stries blanchâtres sur le fond brun noirâtre de la masse. La saveur est très-astringente, un peu amère, peu suivie de goût sucré. Ce cachou est pur, d'une préparation soignée et fort rare. Je n'en ai que quatre morceaux dont trois, assez entiers, présentent les trois formes du cachou en boules, du cachou plat orbiculaire, et du cachou parallélipipède. L'un d'eux, en effet, a dû former une boule du poids de 100 grammes environ, laquelle, pendant la dessiccation, a pris une forme un peu hémisphérique ; le second a dû appartenir à un pain plat et orbiculaire de 6 centimètres de diamètre sur 2 centimètres d'épaisseur ; le troisième faisait partie d'un pain à peu près carré, ayant 6 ou 7 centimètres de côté sur 2 d'épaisseur également.

La seconde variété (B) paraît être la même substance brune, tirant plus sur le rouge cependant, et à cassure brillante et celluleuse, qui aurait été jetée encore chaude et par petites masses de 20 à 30 grammes, sur un plan saupoudré d'un sable fin composé de quarz et de mica. Je ne puis dire d'où vient ce dernier cachou, mais je pense que le premier est tiré des mêmes provinces septentrionales que le cachou terne et parallélipipède (n° 5), dont il se rapproche par sa propreté à l'extérieur et par la forme d'un des morceaux. J'ajoute que ce cachou est probablement au cachou terne et parallélipipède de l'*acacia catechu*, ce que le *kassu* est au *coury* de l'areca; c'est-à-dire que le cachou terne et parallélipipède provenant sans aucun doute du dépôt d'acide cachutique formé au fond des décoctés refroidis de l'*acacia catechu*, le cachou brun rougeâtre polymorphe peut très-bien provenir de la concentration des liqueurs surnageantes, qui certainement ne sont pas jetées comme inutiles.

N° 8. *Cachou brun en gros pains parallélipipèdes.*

Pour continuer le raisonnement qui précède, je dirai que ce *cachou brun en gros pains parallélipipèdes* doit encore être un produit de l'*acacia catechu;* mais tandis que le *cachou terne et terreux* du n° 5 est le produit de la dessiccation du dépôt pâteux des décoctions et que le *cachou brun rouge polymorphe* provient sans doute de la concentration des liqueurs surnageantes, le cachou en gros pains, qui est d'une opacité beaucoup plus marquée que le précédent, doit provenir de l'évaporation directe des liqueurs et sans séparation de parties; à moins qu'on n'aime mieux supposer qu'il provient aussi des liqueurs décantées, et que son opacité est due au mélange de la matière terreuse que l'analyse y fait découvrir.

Ce cachou est sous forme de pains carrés ayant environ 10 centimètres de côté, 6 centimètres d'épaisseur et un poids de 6 à 700 grammes; il est d'un brun grisâtre à la surface, ou blanchi par un léger enduit terreux; mais à l'intérieur il est d'un brun un peu hépatique, médiocrement luisant, offrant çà et là de petites cavités, à peine translucide dans ses lames minces; il a une saveur un peu moins astringente que celle du n° 7, un peu amère, suivie d'un goût sucré très-agréable.

100 parties de ce cachou fournissent 60 parties d'extrait alcoolique et 38 parties de résidu. Ce résidu calciné produit 10 parties d'une cendre qui fait effervescence avec l'acide nitrique. Il reste 3,5 de résidu siliceux.

100 parties du même cachou, traitées par l'eau froide, fournissent 66 parties d'extrait et 25,5 de résidu. Ce résidu se dissout

en grande partie par l'ébullition dans de nouvelle eau. La liqueur est d'un rouge foncé et bleuit faiblement par l'iode; elle précipite le sulfate de fer en vert noirâtre, passant au bleu noir par l'addition de l'eau commune. Ce cachou, malgré les 10 parties de matière terreuse qu'il contient, peut être considéré comme une bonne sorte; il à paru un instant dans le commerce à Paris vers 1836 ou 1837.

N° 9. *Cachou brun siliceux.*

Ce cachou est le résultat de la falsification que l'on a fait subir au précédent, en le mélangeant avec une quantité plus ou moins grande de sable siliceux. Il est en pains carrés de 7 centimètres de côté sur 4 centimètres de hauteur et du poids de 500 grammes environ, ou en masses plus ou moins irrégulières, globuleuses ou aplaties, d'un poids moins considérable. Il est d'un brun terne à l'extérieur, d'un brun foncé à l'intérieur, à cassure compacte, inégale, terne ou un peu luisante, et laissant briller à la lumière des particules siliceuses; il est dur, tenace et très-dense; il m'a fourni après calcination, 26 pour 100 de parties terreuses.

N° 10. *Extrait de cachou brun siliceux.*

Lorsque les fabricants eurent commencé, vers l'année 1830, à employer le cachou dans la teinture des tissus, ils eurent bientôt épuisé la petite quantité qui en arrivait annuellement pour l'usage médical, et avant que les arrivages répondissent aux besoins, pendant plusieurs années le cachou devint tellement rare que l'on fut presque réduit au cachou brun siliceux; mais sa grande impureté s'opposant à son emploi direct, on pensa bientôt à le convertir en un extrait qui pouvait être bon pour la teinture, mais qui ne pouvait guère remplacer pour l'usage de la médecine les bonnes sortes qui manquaient. J'ai vu cet extrait mis en pains du poids de 300 à 750 grammes qui, ayant été coulés chauds sur un plan horizontal, avaient pris la forme d'un segment de sphère de 10 à 13 centimètres de diamètre à la base; cet extrait était noir, fragile, à cassure brillante comme celle de l'asphalte, d'une saveur très-astringente et amère avec un goût de fumée. Il m'a paru pur, mais MM. Girardin et Preisser en ont examiné un en 1840 (*Journ. pharm.*, t. 26, p. 50), dans lequel ils ont trouvé une forte proportion de sang desséché. La fabrication de cet extrait a cessé lors de l'arrivage en masse du gambir cubique et du cachou de Pégu.

N° 11. *Cachou noir mucilagineux.*

En pains parallélipipèdes de 4 à 5 centimètres de côté sur 27 millimètres d'épaisseur. Il a l'aspect extérieur du cachou terne et parallélipipède du n° 5, auquel je l'ai trouvé mêlé une fois; mais à l'intérieur il est entièrement noir et brillant. Il ne possède qu'une saveur mucilagineuse, faiblement astringente. C'est une fort mauvaise qualité de cachou.

N° 12. *Cachou de Pégu en masses.*

On peut admettre, sans crainte de se tromper, que presque toutes les espèces de cachou sont préparées depuis fort longtemps et toujours avec les mêmes caractères particuliers, dans les différentes contrées qui les fournissent; mais on n'en trouve ordinairement qu'un certain nombre à la fois dans le commerce, et ils se succèdent les uns aux autres après un certain laps de temps. Le cachou de Pégu est certainement fort ancien, puisque Herbert de Jager le cite comme un des plus employés dans l'Inde; mais je l'ai vu pour la première fois vers l'année 1816 dans une fourniture faite à la pharmacie centrale des hôpitaux, et je ne l'ai plus revu qu'en 1835, époque à laquelle il devint très-abondant dans le commerce. A partir de ce moment, on n'a pas cessé de l'y trouver; c'est une des sortes les plus usitées aujourd'hui.

Ce cachou est brun rougeâtre ou brun noirâtre, à cassure brillante et d'une saveur très-astringente et manifestement amère; il a l'apparence d'un extrait solide, pur et bien préparé, dont on aurait formé des masses rectangulaires longues de 16 à 22 centimètres, épaisses de 5 ou 6, et qui ont été enveloppées dans une feuille d'arbre. Cela n'a pas empêché ces masses de se réunir et d'en former d'autres plus considérables du poids de 50 à 60 kilogrammes, qui ont été enveloppées de feuilles très-grandes et quelquefois d'une natte de jonc. J'avais pris d'abord ces feuilles pour celles du *butea frondosa*, arbre de l'Inde qui, ainsi qu'on l'a vu précédemment, laisse découler un suc rouge et très-astringent qui se solidifie à l'air ; et ces deux circonstances m'avaient fait penser que cette espèce de cachou, dont j'ignorais alors le lieu d'origine, était extraite du *butea frondosa*. M. Pereira trouva ensuite que ces feuilles appartenaient plutôt au *nauclea cordifolia*; et de mon côté, je leur trouvai une assez grande ressemblance avec celles du *nauclea Brunonis* de Wallich ; mais je suis obligé de convenir aujourd'hui que ces feuilles appartiennent à plusieurs végétaux que je ne puis déterminer. Voici la description de quatre de ces feuilles

1re ESPÈCE. *Grande feuille glabre pétiolée*. La première feuille entière de cette espèce que j'ai pu me procurer est longue de 40 centimètres non compris le pétiole, et large de 26 ; elle est un peu ondulée vers le bord, ovale-oblongue, cordiforme à la base et terminée en pointe à l'extrémité. Le pétiole est long de 10 centimètres, cylindrique, couvert d'une fine écorce brune, et formé intérieurement de fibres ligneuses grossières et blanchâtres. Il se prolonge sur le limbe de la feuille en une côte médiane proéminente et ligneuse, de laquelle partent onze paires de nervures latérales non exactement opposées et parallèles entre elles, à l'exception des deux premières paires qui confluent au point de jonction du limbe avec le pétiole. Ces nervures s'infléchissent à l'extrémité vers la pointe de la feuille et ne parviennent pas au bord, lequel est très-entier et seulement un peu ondulé dans l'espace qui sépare les nervures.

La feuille n'est pas exactement cordiforme par le bas, le limbe s'allongeant un peu le long du pétiole lorsqu'il est près d'y atteindre.

Des nervures transversales partent d'autres nervures plus petites régulièrement espacées, et dont les dernières ramifications s'anastomosent avec celles parties de la nervure voisine. Toutes ces nervures sont glabres ainsi que le pétiole ; mais on remarque, à l'aide de la loupe, que les dernières ramifications du réseau sont couvertes de points glanduleux proéminents et blanchâtres. J'ai trouvé des squelettes de feuilles pareilles, qui donnaient au limbe 46 ou 47 centimètres de longueur non compris le pétiole dont un avait 16 centimètres. J'ai trouvé également des fragments d'une feuille plus consistante et plus brune que les précédentes qui, par l'épaisseur et la disposition particulière du tissu cellulaire, avait quelque rapport avec celle du *nauclea cordifolia*; mais la disposition semblable des grosses nervures et la dimension d'un des fragments, qui donne à la feuille entière au moins 33 centimètres de largeur, m'ont fait regarder cette feuille comme une simple variété de la première.

2e ESPÈCE. *Grande feuille pétiolée à poils étoilés.* Le pétiole de cette feuille peut avoir jusqu'à 18 centimètres de longueur; le limbe est cordiforme-allongé et terminé en pointe à l'extrémité. Ce limbe est véritablement cordiforme, c'est-à-dire qu'il est brusquement terminé et non décurrent sur le pétiole, au fond du sinus profond formé à sa base; il est également un peu plus large et plus court à proportion que dans la première espèce. Ainsi, une feuille présente 33 centimètres de largeur sur 45 de longueur; une autre 35 centimètres sur 48; une troisième, qui offre 42 centimètres de largeur, pouvait en avoir 57 de longueur; elle en aurait eu 72 si elle eût appartenu à la première espèce. Les nervures transversales et leurs ramifications sont disposées comme dans cette première espèce, à l'exception que les premières nervures s'infléchissent davantage vers le pétiole, et viennent confluer au nombre de trois ou quatre paires au fond de l'échancrure de la base. Mais le caractère le plus saillant consiste dans les poils qui sont disposés par groupes étoilés sur les nervures, et même quelquefois sur la partie plane de la face inférieure; mais l'abondance de ces poils est très-variable : tantôt la feuille est véritablement *poilue* sur sa face inférieure; tantôt elle est presque glabre. Dans ce dernier cas, on remarque que les fines ramifications des nervures sont couvertes des mêmes points blanchâtres proéminents observés dans la première espèce; ce qui montre l'alliance des deux feuilles et la nature de ces points, qui peuvent être considérés comme des glandes d'où devaient sortir les poils. Aussi, malgré le caractère tiré de la disposition remarquable des poils étoilés, je serais porté à considérer les deux feuilles comme deux variétés d'une même espèce, si la forme générale du limbe, la manière différente dont il se termine sur le pétiole et la confluence à la base d'un plus grand nombre de nervures, ne venaient confirmer la distinction spécifique des individus.

Un dernier caractère, pris en dehors de la feuille, pourra servir à en retrouver l'origine. Les feuilles les plus poilues de la deuxième espèce sont couvertes, sur la face inférieure, de taches éparses, rondes, de 2 à 3 millimètres de diamètre, souvent remplacées par un trou de même dimension. Or ces taches ont dû être formées par un *coccus* très-analogue à celui du kermès, dont un certain nombre des plus jeunes sont encore fixés près des nervures principales et comme protégés par leur proéminence.

3ᵉ ESPÈCE. *Débris d'une feuille velue et verdâtre.* Le tissu en est fortement réticulé, et toutes les nervures de la face inférieure sont couvertes de poils simples, abondants, ondulés Lorsque la feuille est peu velue le tissu cellulaire apparaît avec l'apparence de celui qui appartient à plusieurs *nauclea.* La face supérieure est lisse avec le réseau apparent. Un fragment de la même feuille trouvé dans une masse de cachou, présente à l'extrémité du limbe une légère échancrure en cœur au lieu d'une pointe, et la face supérieure est garnie de quelques poils vers cette même extrémité. Cette feuille a beaucoup de rapport avec celle du *nauclea cordifolia.*

4ᵉ ESPÈCE. *Feuille verte à tissu lâche, poilue inférieurement.* Je n'ai trouvé que des fragments de cette feuille entre les masses partielles de cachou, de sorte que je ne puis en indiquer ni la forme ni la grandeur. Elle est verte et comme vernissée supérieurement. Sur la face inférieure, le réseau formé par les dernières ramifications des nervures est moins serré que dans les espèces précédentes et tout couvert de poils simples, roux et ondulés. Le tissu même de la feuille est lâche et comme spongieux.

Synonymie et origine du cachou de Pegu. Ce cachou a été rapporté de l'Inde par M. Goufreville, sous le nom de *Cascati* et comme l'une des substances les plus employées dans ce pays pour la teinture. L'accord de nom et de propriétés qui existe entre lui et le *Kaskati* de Kœnig ou le *Cashcuttie* d'Ainslie, assure tout à fait cette synonymie. Quant au lieu d'origine, c'est le commerce anglais qui l'a nommé *Cachou de Pegu*; alors pour nous éclairer sur le végétal qui le produit, nous n'avons qu'un seul passage d'Herbert de Jager nous disant que, *suivant ce qui lui a été rapporté, c'est de l'acacia catechu, soit seul, soit mêlé à d'autres, que l'on confectionne au Pégu le Kaath que l'on distribue dans toutes les Indes.* Cette assertion n'est rien moins que certaine, comme on le voit; aussi me permettrai-je de dire, en me fondant sur le voisinage des lieux d'extraction, que le Cashcuttie, de même que le Gambir, est peut-être tiré de l'*uncaria Gambir*, ou d'autres espèces voisines. Hunter, d'ailleurs, nous dit bien que deux procédés sont employés pour obtenir le Gambir : le premier par évaporation directe du décocté des feuilles, donnant un *extrait brun;* le second par inspissation du dépôt blanchâtre formé au fond des liqueurs, et constituant le Gambir terne et jaunâtre. Le docteur Campbell dit même que *le premier procédé est usité dans d'autres parties orientales du golfe de Bengale*, ce qui désigne assez positivement le Pégu. Il serait donc possible, ainsi que je viens de le dire, que le cachou de Pégu fût un produit d'*uncaria*, comme le Gambir.

Examen chimique. 100 parties de cachou de Pégu donnent, par le moyen de l'eau, 84 parties d'extrait. Le résidu pèse 14 parties.

100 parties du même cachou, traitées par l'alcool, fournissent 72 parties d'extrait sec. Le résidu pèse 24 parties. Ce résidu calciné produit 2 parties d'une cendre blanche qui ne fait pas effervescence avec les acides et qui ne paraît pas s'y dissoudre. Il se dégage cependant une forte odeur de sulfide hydrique, d'où l'on peut conclure que cette cendre est en grande partie formée de sulfate et de sulfure de calcium.

100 grammes de cachou de Pégu en poudre fine ont été traités par 1 kilogramme d'éther pur mais non desséché. La matière s'est humectée peu à peu et s'est convertie en une masse molle que le liquide traversait debout, de sorte qu'un plus long traitement devenait inutile. La liqueur était d'un jaune fauve; elle a produit 21 grammes d'une substance orangée, demi-transparente et d'apparence cireuse.

Cette matière, humectée d'eau, s'hydrate lentement et forme environ 100 grammes d'une masse solide, presque transparente et comme demi-gélatineuse; chauffée avec un peu plus d'eau, au bain-marie, elle se dissout à l'exception d'une très-petite quantité d'une matière grasse onctueuse et d'un vert pomme. La liqueur refroidie présente, après vingt-quatre heures, des glèbes sphériques et gélatineuses, comme l'eau mère de l'acide cachutique. Après plusieurs jours la masse gélatineuse augmente et occupe une grande partie du liquide; au fond se trouve un précipité jaunâtre, opaque et peu abondant, d'acide cachutique ordinaire.

Le cachou qui avait été traité par l'éther a été délayé dans un mortier avec de l'alcool, et j'ai essayé de le traiter alors par déplacement, mais sans succès. L'alcool n'a pu filtrer au travers et j'ai été obligé de le décanter. Le marc est d'ailleurs très-difficile à épuiser par ce moyen, et les liqueurs sont toujours rouges. Elles ont produit 44,7 d'extrait sec. Le résidu pesait seulement 26 grammes, et offrait 8,3 de perte; traité par l'eau froide, il a formé une liqueur rouge très-foncée qui se fonçait encore à l'air et qui a produit 19,58 d'extrait sec. Il est impossible d'épuiser le marc, qui se présente sous la forme d'un mucus rouge foncé; ce marc desséché pèse 5,30.

Voici les résultats de cette analyse.

Acide cachutique anhydre, obtenu par l'éther. . . .	21
Extrait rouge alcoolique.	44,70
Extrait rouge aqueux, de nature gommeuse.	19,58
Résidu insoluble.	5,30
Perte ou eau.	9,42
	100.00

N° 13. *Cachou de Pégu lenticulaire.*

J'ai vu une seule pièce de ce cachou, remise par M. Soubeiran au cabinet de l'École de Pharmacie. Elle consiste en une masse du poids de 205 grammes qui, ayant été posée dans un grand état de mollesse, sur un plan recouvert d'une feuille d'arbre, s'y est étendue en un pain lenticulaire de 11,5 centimètres de diamètre, fort peu épais et aminci sur le bord. La face supérieure est d'un brun terne, privée de tout corps étranger et marquée de stries concentriques ondulées. La substance interne est brune noirâtre, brillante dans sa cassure, translucide dans ses lames minces, d'une saveur très-astringente et amère. La face inférieure est couverte par un fragment d'une grande feuille différente de celles précédemment décrites, épaisse, consistante, glabre sur ses deux faces, offrant une côte médiane à fibres ligneuses blanchâtres et des nervures transversales très-nombreuses, distantes entre elles de 12 à 18 millimètres.

N° 14. *Cachou de Pégu en boules.*

M. Pereira décrit ce cachou comme étant noirâtre et mis en pains arrondis de la grosseur d'une petite orange. Le morceau qu'il a bien voulu m'en envoyer a dû faire partie d'une masse aplatie de 6 à 7 centimètres de diamètre. Il présente sur sa face inférieure un fragment de feuille très-glabre, épaisse, consistante, de couleur vert-brunâtre, avec un réseau rouge sanguin, très-serré et très-apparent. Cette feuille diffère encore de toutes celles précédemment décrites.

N° 15. *Cachou de Siam en masses coniques.*

D'après M. Pereira, ce cachou a été récemment importé de Siam en Angleterre, renfermé dans des sacs. Il est en masses du poids de 680 grammes environ, auxquelles on a a donné la forme d'une noix d'arec. La base porte l'impression d'une feuille de *Nauclea*; à l'intérieur il est brillant, de la couleur du foie et très-semblable à de l'aloès hépatique. Il offre, quant au reste, toutes les propriétés du cachou de Pégu.

Deuxième groupe : Gambirs.

N° 16. *Gambir cubique clair.*

Cachou cubique résineux (*hist. drog. simpl.* 3e éd. n° 995). Ce Gambir vient principalement de Singapore et des îles ou contrées voisines. On l'obtient en faisant sécher à l'air le dépôt d'acide cachutique qui se forme au fond de décoctés des feuilles de l'*uncaria gambir*, et d'autres espèces congénères (*unc. ovalifolia, acida, sclerophylla*, etc.) Il est sous forme de pains cubiques, ou à peu près cubiques, de 25 à 30 millimètres de côté et du poids de 12 à 20 grammes. Il est toujours terminé à l'extérieur par une couche très-mince d'une substance extractiforme, assez dure, brune jaunâtre ou brune noirâtre : mais l'intérieur est léger, poreux, tantôt blanchâtre, tantôt d'un jaune fauve ou d'un jaune rougeâtre assez uniforme. Cette substance interne délayée dans l'eau et examinée au microscope, paraît entièrement formée de cristaux aiguillés et n'offre aucune partie colorable par l'iode. Elle se délaye facilement dans la bouche, après avoir fait un instant pâte avec la salive, et offre une saveur modérément astringente et amère, suivie d'un goût sucré bien moins marqué que celui du cachou de l'arec. Elle se dissout en grande partie dans l'eau froide, *employée en quantité suffisante*, et laisse une matière insoluble dans l'eau, soluble dans l'alcool et fusible à la température de l'eau bouillante. C'est à cause de cette matière résinoïde que j'ai donné anciennement à ce gambir le nom de *cachou cubique résineux*. Il est évident que le nom de *gambir cubique* est le seul qui lui convienne désormais.

Analyse chimique. 35 grammes de ce gambir pulvérisé ont été chauffés dans une étuve à eau bouillante et se sont réduits à 30,90 gram., ou à 88,30 pour 100.

Ce gambir desséché a été traité par 150 grammes d'éther sulfurique sec, et on a répété trois autres fois le même traitement. L'éther distillé a laissé 15 gr., 3 d'un produit jaune rougeâtre qui, traité par 90 grammes d'eau bouillante, s'est dissous à l'exception d'un décigramme environ d'une matière verdâtre. Celle-ci est infusible dans l'eau bouillante, mais fusible à une température plus élevée, en exhalant une fumée blanche très-abondante, susceptible de se condenser sur un corps froid en un enduit blanc et pulvérulent.

La liqueur précédente étant filtrée dans un flacon qu'elle remplit entièrement, présente une couleur jaune un peu rougeâtre. Après 24 heures, elle se trouve entièrement prise en une masse solide, blanche et opaque, d'acide cachutique hydraté.

Le gambir, épuisé par l'éther, a été traité par de l'alcool à 90 degrés, trois fois à froid et une fois à chaud. L'alcool évaporé a fourni 15,3 gram. d'extrait sec, et le résidu desséché pesait 5,7 gram. De sorte que les 35 grammes de gambir cubique, qui s'étaient réduits à 30 gram., 90 par le dessèchement à 100 degrés, ont produit :

Acide cachutique, par l'éther.	15,3
Extrait rouge alcoolique.	15,3
Résidu insoluble.	5,7
	36,3

Cette augmentation est due à une certaine quantité d'éther retenue opiniatrément par l'acide cachutique, et à l'eau retenue par l'extrait alcoolique. Si donc de 30 gram., 9 de gambir desséché nous retranchons 5,7 de résidu, il nous restera 25,2 seulement pour l'acide cachutique anhydre et pour l'extrait alcoolique sec. J'admets que ces deux produits s'y trouvent en quantité égale, comme l'analyse les a donnés.

L'extrait alcoolique est d'un rouge foncé et transparent. Il blanchit et devient opaque par le contact de l'eau froide. A l'aide de la chaleur, il se dissout en partie et forme une liqueur rouge orangée qui, renfermée dans un flacon, forme un précipité rouge d'acide rubinique, et conserve une couleur très-foncée. Quant à la partie de l'extrait alcoolique qui ne se dissout pas dans l'eau, elle forme une masse molle et coulante tant que le liquide est bouillant; mais elle se solidifie très-promptement par le refroidissement. Pulvérisée et traitée de nouveau par l'eau, elle s'y divise toujours facilement à froid, mais sans s'y dissoudre; et lorsqu'on chauffe et que le liquide approche de l'ébullition, la matière rouge se fond et se sépare de l'eau, qui acquiert toujours cependant une couleur rouge orangée; de sorte qu'il faut admettre que la matière rouge est par elle-même un peu soluble dans l'eau bouillante. Elle se dissout dans l'acide acétique concentré, et en est précipitée par l'eau; elle est très-soluble dans l'ammoniaque. Cette substance est l'*acide rubinique.*

M. Nees d'Esenbeck, dans une analyse que je ne connais que par la citation qu'en a faite M. Pereira (*Materia medica*, t. 2, p. 1436), a très-heureusement remarqué que ce produit, auquel il donne le nom de *dépôt tannique*, est semblable au *rouge cinchonique,* et l'on peut voir en effet que ces deux corps jouissent des mêmes propriétés; et comme l'acide rubinique résulte de l'oxygénation de l'acide cachutique, il faut bien aussi que, dans le quinquina, le rouge cinchonique soit produit par l'oxygénation du même corps. On a admis, en effet, de tout temps, l'identité du tannin du quinquina et du cachou. Cette opinion se trouve confirmée par l'identité du produit de leur oxygénation.

Mais l'acide rubinique n'est pas le premier degré d'oxygénation de l'acide cachutique. Quand on agit avec l'aide des alcalis, il est difficile de distinguer ce premier degré dont le produit se confond, à cause de sa solubilité dans l'eau, avec le rubinate alcalin. Mais, en chauffant à l'air un mélange d'acide cachutique et d'eau, on obtient une liqueur rouge foncée qui contient ce corps intermédiaire entre les acides cachutique et rubinique, et qui est beaucoup plus soluble que l'un et l'autre, absolument comme l'oxyde bleu de molybdène est intermédiaire entre le bioxyde et l'acide molybdique, et est bien plus soluble que tous les deux. C'est ce corps rouge, soluble dans l'eau, identique pareillement avec la *matière rouge soluble* des quinquinas, qui forme la base des extraits de cachou aqueux ou alcooliques; mais ces extraits contiennent encore autre chose, et leur nature définitive varie suivant le degré d'altération de l'acide cachutique, et en raison de la propriété que possède la matière rouge soluble de dissoudre l'acide cachutique non encore altéré ou l'acide rubinique déjà formé. Lors donc que, dans l'expérience indiquée ci-dessus (acide cachutique mis en digestion avec l'eau), l'oxygénation est peu avancée, l'acide cachutique restant se dissout à chaud dans la liqueur et s'en sépare en partie par refroidissement, soit en sphéroïdes transparents, soit sous forme concrète et opaque. Lorsque, au contraire, il ne reste plus d'acide cachutique dans le mélange, et que déjà il s'y est formé une certaine quantité d'acide rubinique, c'est celui-ci qui se dissout à chaud dans la liqueur et qui s'en sépare par refroidissement, constituant l'*apothème* de M. Berzélius, ou le *rouge cinchonique* de Reuss et de Pelletier. Il peut même arriver que le mélange contienne à la fois de l'acide cachutique, du rouge soluble et de l'acide rubinique, et je pense que c'est là l'état le plus ordinaire des cachous et des gambirs, que l'analyse nous montre contenir en réalité un mélange variable de ces trois corps.

Je reviens à l'analyse du gambir cubique. Le résidu épuisé par l'alcool et séché pesait 5,70 gram. Traité par l'eau froide, il a produit une liqueur dont la teinte *brune noirâtre* tranchait fortement avec la couleur rouge des liqueurs alcooliques; mais cette dernière couleur s'est développée pendant l'évaporation au bain-marie, et j'ai obtenu en définitive 2,75 d'un extrait rouge, tenace, demi-transparent, remarquable par une saveur manifestement acide et peu astringente.

Le résidu de gambir, insoluble dans l'eau froide, pesait sec 2 gram. 95. Il a formé avec l'eau bouillante une liqueur rouge orangée, devenant d'un bleu foncé par l'iode. Il existe donc un peu d'amidon dans le gambir le plus pur ; mais, dans le cas présent, la quantité n'en dépasse pas 2 décigrammes, qui forment la perte éprouvée par le résidu après son ébullition dans l'eau. Ce résidu paraît alors formé, à la vue simple, de fibre végétale, de petits fragments de pierre blanche et de sable quarzeux. Ayant été calciné, il s'est réduit à 1,85 d'une cendre blanche assez légère, insoluble dans l'eau, composée de 0,63 de carbonate de chaux décomposable par l'acide acétique ; 0,07 d'alumine et d'oxyde de fer soluble dans l'acide chlorhydrique, et 1,15 d'un résidu formé de silicate d'alumine blanc et opaque, mélangé d'une petite quantité de quarz. Voici les résultats de cette analyse, ramenés à 100 parties.

	Gambir desséché.	Gambir hydraté.
Acide cachutique anhydre	40,78	36
Extrait rouge alcoolique sec	40,78	36
— aqueux, rouge et acide	8,90	7,86
— rouge amylacé	0,65	0,57
Fibre végétale	2,91	2,57
Carbonate de chaux, argile et quarz	5,98	5,30
Eau	0	11,70
	100,00	100,00

N° 17. *Gambir rectangulaire allongé.*

On trouve quelquefois des gambirs en pains rectangulaires, mais non cubiques, qui paraissent être complétement de la même nature que le précédent. Celui dont il est ici question, a été adressé, en 1837, par M. Théodore Martius à la Société Médico-Botanique de Londres. Il est en prismes carrés, longs de 55 millimètres, sur 13 millimètres de côté à la base. Il paraît ressembler d'ailleurs tout à fait, par sa couleur brune extérieure, et blanchâtre à l'intérieur, au gambir cubique.

N° 18. *Gambir plat rectangulaire.*

Je ne connais cette variété de gambir que par la mention qui en est faite par M. Rondot. Il est sous forme de petites tablettes carrées ou presque carrées, hautes de 4 à 6 millimètres seulement, sur 25 à 30 millimètres de large. Ce gambir, au dire de M. Rondot, est un peu verdâtre, avec des taches blanches dans l'intérieur ; léger, friable et d'une apparence terreuse. Il vient de l'île de Bintang.

N° 19. *Gambir en aiguilles, de Singapore.*

M. Christison m'a envoyé un échantillon de cette sorte, sous le nom de *gambir jaune de Singapore.* C'est la troisième sorte de M. Rondot. Il est en prismes carrés, longs de 42 à 45 millimètres, sur 7 à 9 millimètres de côté. Quelquefois les prismes, au lieu d'être carrés, sont plus ou moins aplatis, et très-souvent ils sont un peu plus étroits à une extrémité qu'à l'autre, et sont un peu courbés sur leur longueur. Cette forme, qui offre une certaine ressemblance avec celle de l'*amidon en aiguilles*, m'a fait adopter le nom ci-dessus. Ce gambir est d'un jaune très-pâle et terne, même à l'extérieur; examiné au microscope, il paraît formé d'acide cachutique cristallisé sans aucun mélange de matière étrangère.

N° 20. *Gambir brun hémisphérique.*

Je n'ai trouvé qu'une seule fois cette substance dans le commerce. Elle est en morceaux de formes diverses et du poids de 60 à 100 grammes, mais qui paraissent tous avoir fait partie de masses hémisphériques ou un peu coniques, de 10 à 12 centimètres à la base. Je suppose que ce gambir, rapproché sur le feu en consistance d'extrait solide, aura été mis en boules et posé encore chaud sur un plan horizontal, sur lequel il se sera aplati inférieurement, et qu'il aura ensuite été coupé en plusieurs parties. Il est d'un brun noirâtre, souvent un peu glauque à la surface, mais à cassure noire et brillante. Il se dissout facilement dans la bouche en développant une saveur très-astringente et un goût de fumée. Sa surface est tout à fait privée de débris ou d'empreinte de corps étrangers; mais il offre à l'intérieur quelques débris atténués de feuilles de palmier, et un morceau présente un fragment assez considérable de gambir cubique. Cette dernière circonstance me fait penser que cette matière provient, soit de l'évaporation des liqueurs qui surnagent le dépôt cachutique servant à la préparation du gambir cubique, soit de la fonte des débris du même gambir, qui seraient trop brisés pour avoir cours dans le commerce.

N° 21. *Gambir brun terne celluleux.*

C'est avec hésitation que je comprends ce suc desséché au nombre des gambirs; car il offre une analogie presque égale avec le cachou brun n° 8 et le cachou de Pégu n° 12. Je le place cependant auprès du gambir hémisphérique, surtout parce qu'il résulte comme lui de la fonte imparfaite de produits déjà obtenus, dont on distingue encore souvent les couleurs diverses dans son intérieur. Il est en morceaux de toutes formes et du poids de 80 à 170 grammes, qui ont été coupés ou cassés dans une masse probablement considérable, et qui a été contenue, à une certaine époque, dans une toile grossière dont on voit l'empreinte sur un grand nombre de morceaux. A l'extérieur ces morceaux sont d'un brun rougeâtre terne, et c'est également la couleur dominante à l'intérieur; mais sur ce fond coloré, on distingue un grand nombre de taches dues à des fragments jaunâtres, comme le gambir cubique, ou bruns noirâtres et brillants comme le cachou de Pégu. On observe en outre, dans toute la masse, un grand nombre de vacuoles sphériques dues à de l'air interposé; on peut ajouter que plusieurs morceaux sont traversés par des fragments de feuilles de palmier, et que, lorsqu'on triture la masse elle-même dans un mortier, pour la pulvériser, on en sépare des parcelles d'un bois dicotylédoné. Enfin, le gambir celluleux possède une saveur très-astringente et amère, et laisse ensuite dans la bouche la sensation sucrée des bonnes sortes de cachou.

Examen chimique. Cent parties de gambir celluleux fournissent par la calcination 8,22 d'une cendre grisâtre qui dégage une odeur hépatique par l'acide chlorhydrique et sans effervescence sensible. Le résidu, pesant 5,77, est formé de sable quarzeux mélangé d'un peu de mica.

Cent parties du même gambir, traitées par l'alcool, fournissent 85 parties d'un extrait sec, d'un rouge foncé. Le résidu insoluble, traité par l'eau froide, produit cinq parties d'extrait gommeux. Le résidu bouilli dans l'eau ne donne aucun indice d'amidon.

Cent parties du même gambir, traitées d'abord par l'eau froide, forment une liqueur rougeâtre qui s'éclaircit facilement par le repos. L'extrait obtenu pèse 56 parties. Le résidu communique à l'alcool une couleur brune très-foncée, et fournit beaucoup d'extrait. Cette substance n'a pas été soumise à d'autres essais.

N° 22. *Gambir cubique noirâtre.*

Je possède deux échantillons de ce gambir. Le premier (A) présente les mêmes dimensions et le même poids que le gambir cubique clair de Singapore (n° 16), et doit avoir la même origine. Il est presque noir, à surface rugueuse et comme percé de petits trous ; à l'intérieur il offre des cellules irrégulières et une substance en partie noire et brillante, en partie terne et jaunâtre. Il me paraît probable que cette sorte est du gambir ordinaire de Singapore qui aura été trop chauffé pendant sa dessiccation ; de sorte que l'acide cachutique humide qui le composait se sera liquéfié en partie dans l'eau en prenant une forme extractive, et que l'eau même en se vaporisant aura formé les cellules observées dans la masse. L'autre gambir noir (B) a été rapporté de Java, en 1840, par M. Adolphe Delessert. Il est en très-petits cubes, du poids de 6 à 7 décigrammes, qui ont moins d'un centimètre de côté, et qui sont plus ou moins déformés. Chaque petit cube offre à l'extérieur une couche plus ou moins épaisse d'une matière grisâtre, très-celluleuse ; mais le centre de la masse est compacte quoique fragile, noirâtre et à cassure luisante. Ce gambir présente une saveur très-astringente et très-amère, suivie longtemps après d'un goût faiblement sucré. Je n'en possède que trois petits cubes ; je ne l'ai soumis à aucun essai analytique.

N° 23. *Gambir cubique amylacé.*

Ce gambir est en petits pains cubiques ou presque cubiques, de 15 millimètres de côté environ, et du poids de 2gr,3 à 4 grammes. J'en ai deux échantillons qui diffèrent un peu par leur couleur extérieure, l'un étant d'un brun terne et un peu jaunâtre, et l'autre d'un brun rougeâtre foncé et un peu luisant ; mais tous les deux sont à l'intérieur d'un fauve rougeâtre, terne et terreux, et lorsqu'on les délaye dans l'eau pour les examiner au microscope, ils paraissent également composés d'aiguilles d'acide cachutique et d'une grande quantité de granules de fécule de sagou, très-reconnaissables à leur forme ovoïde, elliptique ou elliptique allongée, souvent coupée par un plan perpendiculaire à l'axe, et à leur substance dense et compacte. Le hile, qui est très-apparent sur un des côtés de l'ellipse et près d'une extrémité, est toujours très-dilaté et déchiré par la cuisson. Il n'est pas douteux que ce gambir ne soit celui que Hunter dit être falsifié, dans l'île du prince de Galles, avec la fécule de sagou. Planche, qui a le premier signalé la présence de ce gambir dans le commerce, a constaté qu'il laisse, lorsqu'on le traite par l'eau froide, un résidu insoluble, en grande partie amylacé, formant les 55 centièmes de son poids. (*Journ. pharm.*, t. I, p. 212.)

N° 24. *Trochisques de gambir amylacé.*

M. Pereira décrit, sous le nom de *amylaceous lozenge gambir*, un gambir mélangé de fécule de sagou et mis sous forme de petites tablettes rondes ou de trochisques, ayant environ 3 lignes 1/2 de diamètre, 2 lignes d'épaisseur, plates en-dessous, un peu convexes en-dessus. Ces trochisques sont d'un blanc un peu jaune verdâtre ; ils ont une apparence terreuse et se réduisent facilement en poudre. Examinés au microscope, ils paraissent formés d'une multitude de granules de fécule de sagou mêlée à des cristaux d'acide cachutique. Ils sont donc en réalité de même nature que le gambir précédent, et peuvent être considérés comme le produit d'une falsification ou d'une imitation d'une sorte de gambir naturel. Il n'en est pas de même des sortes suivantes, qui sont des compositions pharmaceutiques dont, à la vérité, le gambir forme toujours la base, mais qui contiennent des substances terreuses et aromatiques, et qui sont destinées, soit à fortifier l'estomac, soit à parfumer l'haleine.

Clusius a décrit, sous le nom de *siri gata gamber*, une composition de ce genre, qui avait la forme de pastilles plates de la grandeur d'une noix vomique, d'un rouge pâle en-dessus, blanchâtres à l'intérieur, et d'un goût un peu amer, joint à une certaine âcreté (*Exotic.*, lib. 2, cap. 15). En voici trois autres sortes :

N° 25. *Gambir aromatique cylindrique*.

Gambir cylindrique, Pereira. Ce gambir est en pains circulaires ou un peu elliptiques, de 28 à 31 millimètres de diamètre, sur 7 à 9 millimètres de hauteur. Il est plat sur une des faces et un peu bombé sur l'autre. J'en possède un seul pain que je dois à l'obligeance de M. Pereira. La partie supérieure et bombée présente l'empreinte d'un réseau carré formé par une toile sur laquelle le pain a dû être posé. La surface plane offre une impression semblable, mais moins apparente, et qui consiste principalement en lignes serrées et parallèles sans réseau transversal bien distinct. Quant à la tranche circulaire formant l'épaisseur du pain, elle offre des stries linéaires perpendiculaires et très-serrées. Ce pain est de couleur nankin un peu rougeâtre et un peu foncée à l'extérieur, et d'un jaune blanchâtre et un peu verdâtre à l'intérieur, avec des taches tout à fait blanches. Il a une apparence terreuse et se pulvérise très-facilement. Il est graveleux sous la dent et possède une faible saveur astringente accompagnée d'un goût ambré-musqué. Enfin, examiné au microscope, il n'offre aucun cristal entier d'acide cachutique ni aucun granule d'amidon ; il paraît formé principalement de particules transparentes et anguleuses mélangées de parties plus grosses et à arêtes tranchantes qui doivent être du quarz. L'acide nitrique ajouté à la matière la dissout en grande partie en faisant effervescence çà et là et laisse le quarz. Ces caractères me confirment dans l'opinion que ce gambir est une préparation analogue aux *confections* des anciennes pharmacopées, principalement composées de substances astringentes et aromatiques, jointes à des matières bolaires et siliceuses finement pulvérisées.

N° 26. *Cata gambra du Japon.*

J'ai vu sous ce nom, dans les collections du Muséum d'histoire naturelle de Paris, une composition analogue à la précédente, mais beaucoup plus aromatique. Elle est sous forme de trochisques ronds et tout à fait plats, ayant de 30 à 50 millimètres de diamètre sur 5 millimètres d'épaisseur à la circonférence et 3 millimètres seulement au centre, la surface des pains étant un peu concave. Ces trochisques sont comme couverts d'une croûte peu épaisse d'un jaune brun ; mais l'intérieur est d'un blanc rosé, d'une apparence terreuse et un peu schisteuse. La saveur en est amère et très-aromatique (ambrée-musquée). Les poudres employées à cette confection étaient d'ailleurs assez grossières, car la loupe y fait découvrir des parties qu'on dirait appartenir à du safran, du girofle, des semences de *panicum* ou d'*éleusine*, etc. Je n'ai pu soumettre ce gambir à aucun essai.

N° 27. *Gambir circulaire estampé.*

Small circular moulded gambir, Pereira. Je ne connais ce gambir que par la courte description qu'en a donnée M. Pereira. Il est sous forme de petites pastilles plano-convexes, ayant environ 13 millimètres de diamètre à la base. La face inférieure est plane et unie ; mais la surface supérieure est convexe, un peu déprimée au sommet, avec une empreinte rayonnée tout autour. Ce gambir est friable et terreux ; M. Pereira ne fait pas mention de sa qualité aromatique, mais je doute à peine qu'il en soit pourvu comme les précédents.

Troisième groupe : KINOS.

N° 28. *Suc astringent du* Pterocarpus erinaceus.

Je mentionne ici cette substance, pour lui conserver sa place, dans le cas où elle deviendrait plus tard un objet de commerce. Il résulte des descriptions précédemment citées que le suc découlé de l'arbre se dessèche promptement à l'air et forme une substance presque noire et opaque en masse, mais d'un rouge foncé et transparent dans les lames minces; très-fragile, brillante dans sa cassure, d'une saveur très-astringente et en grande partie soluble dans l'eau.

N° 29. *Suc astringent du* Butea frondosa (1).

Cet arbre est plutôt un très-grand arbrisseau de la famille des papillonacées, très-voisin des érythrines. Le tronc en est ligneux, peu épais, tortu et muni d'un branchage très-irrégulier. Les feuilles sont composées de trois larges folioles entières, arrondies au sommet, coriaces, brillantes en dessus, légèrement blanchâtres en dessous. La foliole terminale est obovée et beaucoup plus grande que les deux latérales Les fleurs sont grandes, d'une belle couleur rouge ombragée par un duvet orangé et argenté, et disposées en grappes pendantes d'un très-bel effet. Le légume est pédicellé, linéaire, d'environ 15 centimètres de longueur. Il ne contient, proche de l'extrémité pendante, qu'une seule semence ovale, très-comprimée, douce au toucher, brune, ayant environ 38 millimètres de long sur 25 de large. Le *Coccus lacca* se fixe fréquemment sur les jeunes branches et sur les pétioles du *Butea frondosa*, et emprunte peut-être sa matière colorante au suc rouge de l'écorce.

Suivant Roxburgh (*Coromand.*, t. I, p. 22, et *Flora indica*, t. III, p. 245), il découle des fissures naturelles ou des blessures

(1) Cet arbre porte un grand nombre de noms dans l'Inde; tels sont ceux de *Plaso* ou *Plasa* dans Rheede, de *Pulasa* ou *palasa* (sanscrit), de *Pulas* ou *Palas* (Bengale et Indostan), de *Maduga* ou *Moduga* (telingoo), de *Dhark* chez les mahométans. D'après M. Beckett et M Royle, le suc astringent porte dans le nord de l'Inde le nom de *Kuени*, et ce nom serait l'origine du mot *Kino*.

faites à l'écorce de cet arbre, un suc du plus beau rouge qui ne tarde pas à se durcir en une gomme astringente et friable, d'une couleur de rubis. Mais elle perd bientôt cette belle couleur à l'air, et, pour la lui conserver, il faut recueillir la gomme aussitôt qu'elle est durcie et l'enfermer dans une bouteille que l'on bouche bien. Elle se dissout promptement dans la bouche et possède une saveur forte, purement astringente. La chaleur ne la ramollit pas. Elle se dissout facilement dans l'eau pure et forme un soluté d'un rouge vif et foncé. Elle est en grande partie soluble dans l'alcool, mais la liqueur est pâle et un peu trouble. Le soluté aqueux se trouble également par l'alcool, tandis que l'alcoolique, au contraire, devient plus transparent par l'addition de l'eau. L'acide sulfurique étendu trouble l'un et l'autre soluté. L'alcali caustique fait passer la couleur au rouge de sang foncé. Les sels de fer changent le soluté aqueux en une bonne encre durable. Le *Butea superba*, très-grand arbrisseau sarmenteux, fournit un suc semblable.

Cette description de Roxburgh ne peut s'appliquer qu'à une substance friable, rouge, très-astringente, facilement et complétement soluble dans l'eau, en grande partie soluble dans l'alcool. Elle ne convient en aucune manière, comme on le verra, à la seule substance qui m'ait été donnée comme provenant du *Butea frondosa*, et que je décrirai plus loin sous le nom de *gomme astringente naturelle de* Butea. Car je rapporterai encore auparavant la description du suc exsudé du *Butea frondosa*, telle que je puis l'extraire d'une notice de M. Royle (*Royal asiatic Society*, *Proceedings*, etc., 1838, p. 50).

Cette substance venait d'être apportée de l'Inde par M. Beckett qui avait longtemps résidé dans le Doab septentrional. Suivant M. E. Solly, qui en a fait l'analyse, elle est transparente, fragile, d'une belle couleur de rubis et d'un goût fortement astringent. Elle contient 15 à 20 pour 100 d'impuretés, consistant en bois, écorce, sable et petits cailloux. Dans son état brut, elle contient 50 pour 100 de tannin; mais quand elle a été purifiée par simple solution dans l'eau, 100 parties contiennent 73,26 de tannin, 5,05 d'extractif peu soluble et 21 de gomme soluble mêlée d'un peu d'acide gallique et de quelques autres substances. Au reste, la proportion de tannin varie beaucoup dans divers échantillons, suivant leur mode d'extraction et le temps de l'année auquel on y a procédé, et l'auteur recommande de récolter le suc aussitôt qu'il est devenu dur, et non après qu'il a été exposé à l'air, à la lumière et à l'humidité, ces dernières circonstances lui faisant perdre, ainsi que l'a vu Roxburgh, beaucoup de sa valeur et de ses propriétés. Cette dernière observation nous permettra de concevoir comment la substance suivante peut aussi être produite par le *Butea frondosa*, bien que pourvue de propriétés bien différentes de celles qui viennent d'être exposées.

N° 30. *Gomme astringente naturelle du* Butea frondosa.

Cette substance m'a été envoyée une première fois en 1831, par M. Pereira. On venait de la trouver à Londres, après un oubli de plus de dix ans, dans un magasin de drogueries; elle y était désignée sous le nom de *gomme rouge astringente*, et était contenue dans de grandes caisses que l'on présumait avoir été apportées d'Afrique. Sur ces données, j'ai pensé que cette matière pouvait être la *gomme astringente de Gambie* anciennement décrite par Fothergill, bien qu'elle n'en offrît pas tous les caractères. Mais en 1838, une substance presque semblable extraite du *Butea frondosa,* fut apportée de l'Inde en Angleterre par le docteur Beckett (c'est celle dont il a été parlé plus haut), et, au même moment, parmi des échantillons de substances envoyés de Bombay à Londres, on en trouva plusieurs de gomme de *butea* qui étaient désignés comme *kino*. Ceux-ci étaient plus remplis d'impuretés, en morceaux beaucoup plus petits et d'une couleur plus foncée que celui apporté par M. Beckett; mais ils en étaient bien plus exactement semblables à la gomme astringente trouvée à Londres. C'est principalement sur cette dernière sorte, que tous les pharmacologistes anglais reconnaissent pour un produit du *Butea frondosa*, que je me fonde aussi pour admettre que la substance actuelle est également produite par le même végétal.

Cette substance est un produit naturel, ayant la forme de très-petites larmes allongées ou de gouttes, qui se sont fait jour spontanément par les fissures de l'écorce et qui s'y sont desséchées. Elle paraît noire et opaque, vue en masse ; mais chaque petite larme placée entre l'œil et la lumière, est en réalité transparente et d'un rouge foncé. Presque tous les fragments offrent, d'un côté, un débris de l'écorce grise d'où ils ont été détachés. Ils sont, au contraire, lisses, ridés et comme cannelés du côté qui a été exposé à l'air. Cette substance est très-dure, non friable, difficile même à pulvériser. Elle est dure, sèche et aride dans la bouche et s'y dissout fort peu. Elle colore faiblement la salive et ne possède qu'une faible saveur astringente. Mise à macérer dans l'eau, elle s'y gonfle très-lentement et augmente de trois à quatre fois son volume ; mais elle ne forme pas de mucilage et se dissout à peine ; cependant le liquide se colore lentement en une belle couleur rouge. Si l'on examine alors la substance gonflée, on voit qu'elle est très-inégalement colorée, souvent même dans l'étendue d'un même petit fragment. Les parties peu colorées ont l'aspect d'une gomme insoluble, tenace et élastique. Les parties colorées, qui sont surtout à l'extérieur, paraissent être une combinaison de la même gomme avec le principe colorant rouge devenu insoluble par son oxygénation à l'air. Au moins peut-on remarquer que la partie superficielle des larmes résiste à l'eau bien plus que l'intérieure, et qu'elle reste, malgré l'agitation et le broiement, sous forme de membranes rouges et tenaces. L'eau bouillante en dissout beaucoup plus, et forme une liqueur rouge foncée qui se trouble fortement par le refroidissement ; mais une grande partie de la substance rouge membraneuse résiste toujours à son action. Je conclus de cet examen que ce kino est formé par le mélange inégal d'une gomme insoluble et d'un suc rouge astringent qui ont coulé simultanément du végétal ; mais je n'ai pu les séparer par aucun moyen.

C'est ainsi qu'après avoir traité un grand nombre de fois 38 grammes de gomme astringente par de l'eau froide d'abord, puis chaude, enfin bouillante, sans avoir pu décolorer le résidu, j'ai obtenu des liqueurs qui formaient pendant leur évaporation des *couennes rouges* composées, comme la matière elle-même, de gomme et de matière colorante. Toute la liqueur réduite à 200 grammes, formait un magma très-épais et opaque présentant l'apparence d'un mélange de poudre de cochenille et d'eau. En chauffant pour liquéfier le magma, et y ajoutant de l'alcool, on en formait une liqueur rouge très-foncée et un précipité visqueux tout aussi coloré, et d'ailleurs peu abondant.

Le résidu de la gomme astringente qui résiste à l'eau pesait 6gr.,4, ou 16,84 pour 100. Il n'était pas épuisé de principe colorant que l'alcool lui enlevait ensuite en partie.

La gomme astringente traitée par l'ammoniaque liquide, étendue de partie égale d'eau, se gonfle beaucoup, devient visqueuse et se dissout en beaucoup plus grande quantité que dans l'eau. La liqueur est épaisse et d'un rouge brun très-foncé. Cependant la dissolution n'est pas complète, et lorsqu'on décante la liqueur et qu'on lave le résidu, on y trouve des parties de gomme gonflées et en grande partie décolorées. La liqueur ammoniacale évaporée forme un magma très-considérable, ayant la consistance de l'empois, et se réduisant à une très-petite quantité de matière solide, par une dessiccation complète.

30 grammes de gomme astringente finement pulvérisée ont été traités par l'éther. Ce liquide acquiert promptement une légère teinte verte qui disparaît ensuite sous une couleur jaune plus intense. Après 4 traitements successifs, on a distillé l'éther et on a obtenu seulement 25 centigrammes d'un produit rougeâtre qui se dissolvait en partie dans l'eau froide, davantage dans l'eau bouillante, mais en laissant un résidu insoluble rougeâtre, poisseux et un peu odorant. La dissolution aqueuse se troublait en refroidissant et formait un précipité rougeâtre.

La gomme astringente pulvérisée (30 grammes) traitée par l'alcool à 90 degrés centésimaux, s'y gonfle considérablement (bien plus que dans l'eau froide par conséquent) et forme une masse un peu cohérente et gélatiniforme, qu'il faut étendre de beaucoup d'alcool pour pouvoir décanter le liquide en quantité suffisante et le filtrer. La filtration est très-lente, et une fois que le papier a servi et s'est desséché, il ne peut plus être employé pour une nouvelle filtration, parce qu'il se trouve *encollé*. Il faut donc se borner à passer la liqueur à travers un linge serré. On a fait ainsi plusieurs traitements, dont les deux derniers à l'alcool bouillant. Les liqueurs réunies ont fourni 10gr., 8 d'un extrait sec, très-friable, brillant, d'un rouge brun, d'une saveur à peine astringente, et à peine soluble dans la bouche.

Il est de même très-peu soluble dans l'eau froide, qu'il colore seulement d'une teinte paillée. Ce soluté, tout faible qu'il est, rougit le tournesol et colore le chlorure ferrique en vert très-foncé, formant ensuite un précipité vert bouteille. Il est un peu plus soluble dans l'alcool, qu'il colore lentement en rouge; il est très-soluble dans l'ammoniaque, avec laquelle il forme un liquide visqueux et d'un rouge brun très-foncé.

La partie de la gomme astringente formant le résidu du traitement alcoolique pesait sèche 18 grammes. Ce résidu, bouilli trois fois dans un litre d'eau, ne lui a cédé que 4,5 de matière, et s'est réduit à 13,45 gram., ou 44,8 pour 100.

Voici le résumé des propriétés de la gomme astringente trouvée à Londres en 1831

Elle est dure, tenace, non friable, dure sous la dent, à peine soluble dans la bouche et d'un goût peu astringent. Elle se gonfle dans l'eau froide sans former de mucilage et en lui cédant seulement un peu de son principe colorant. Elle se dissout davantage dans l'eau bouillante et se trouble fortement par le refroidissement. Epuisée par de longues ébullitions, elle laisse 16,84 pour 100 de résidu, formé principalement des impuretés qui s'y trouvent mêlées.

Elle ne cède à l'éther que 0,83 pour 100 d'une manière complexe qui n'est pas de l'acide cachutique. Elle est peu soluble dans l'alcool froid, plus soluble dans l'alcool bouillant et lui cède, par des ébullitions réitérées, 36 pour 100 d'une matière colorante rouge d'une nature acide, fort peu soluble dans l'eau et dans l'alcool froid. Cette matière a beaucoup de rapport avec l'acide rubinique, et n'en diffère peut être que par son mélange avec un peu de matière gommeuse qui donne à ses solutés concentrés la consistance d'un magma demi-gélatineux.

Car, indépendamment de la matière colorante rouge, cette exsudation naturelle contient certainement une autre substance que je ne puis désigner autrement que sous le nom de *matière gommeuse*, bien qu'elle soit insoluble dans l'eau, et qu'elle jouisse de la singulière propriété de se gonfler et de prendre une consistance gélatineuse dans l'alcool, même absolu. Il est d'ailleurs un fait que je ne puis expliquer : c'est que, tandis que la gomme astringente, traitée par l'eau froide d'abord et ensuite bouillante, ne m'a laissé que 16,84 pour 100 de résidu, cette même substance, épuisée par l'alcool d'abord et par l'eau ensuite, ait laissé 44,8 parties insolubles.

Dans tous les cas, les propriétés de cette exsudation naturelle, produite à ce qu'il paraît par le *butea frondosa*, sont trop différentes de celles du suc astringent décrit par Roxburgh et par M. E. Solly, pour qu'il ne faille pas l'en distinguer.

N° 31. *Kino de l'Inde orientale.*

Ce kino, qui est regardé en Angleterre comme la véritable sorte officinale, y a porté aussi pendant longtemps le nom de *kino d'Amboine*, et cette désignation a jeté beaucoup d'obscurité sur son origine. Mais il paraît certain aujourd'hui qu'il est originaire de la côte du Malabar, parce que toutes les importations dont on a pu suivre la trace sont venues de Bombay et de Tellichery.

Ce kino est en très-petits fragments d'un noir brillant, noirs et opaques lorsqu'ils sont entiers, mais transparents et d'un rouge de rubis lorsqu'ils sont réduits en lames minces. Il est très-friable et se divise facilement en particules très-petites sous l'effort des doigts Il est entièrement inodore, se ramollit dans la bouche, s'attache aux dents, colore la salive en rouge foncé et possède une saveur astringente très-marquée. Il est facilement soluble à froid dans l'eau et dans l'alcool, et leur communique une couleur rouge de sang. Sa poudre a la couleur du colcothar. Il paraît avoir été séché en couche mince dans des vases à surface cannelée, car il offre presque toujours, sur une de ses faces, des cannelures parallèles et régulières. Cette substance, toujours identique avec elle-même et bien préparée, est une des plus remarquables de ce grouppe.

M. Royle, professeur de matière médicale au collége royal de Londres, a tout récemment publié une notice sur l'origine de cette substance et paraît l'avoir bien déterminée. Ayant trouvé dans la maison de la Compagnie de l'Inde orientale, à Londres, des échantillons de ce kino avec la marque de *Anjarakandi*, il parvint à savoir que ce nom était celui d'une ferme appartenant à la Compagnie et située à quelques milles seulement de Tellichery. Ayant alors dirigé ses investigations de ce côté, il reçut par l'entremise du Dr Wight, botaniste distingué résidant à Coimbatore, une lettre du Dr Kennedy, datée de Cannamore, 15 novembre 1844, qui accompagnait des *specimen* de feuilles, fleurs et fruits de l'arbre qui produit le kino à Anjarakandi, avec un échantillon de ce kino lui-même. L'examen des *specimen* a démontré à M. Wight que l'arbre était le *pterocarpus marsupium*, dont voici d'ailleurs la description abrégée faite sur les lieux mêmes par M. Kennedy :

« Arbre très-élevé et d'une vaste étendue; feuilles à 5 ou 7 folioles pinnées, ovales, un peu échancrées au sommet; épis branchus; calice verdâtre, un peu tubuleux, à 5 dents; corolle papillonacée; 10 étamines formant une gaîne à la base, mais séparées par le haut; légume pédicellé, long de 1 pouce 1/2 à 3 pouces, à une seule semence, entouré d'une aile membraneuse irrégulièrement arrondie et terminée par une petite pointe fine à la marge; fleurs jaunes avec des veines rougeâtres. D'après M. J. Brown d'Anjarakandi, lorsque l'arbre est en fleurs, on fait des incisions longitudinales au tronc, et l'on recueille le suc rouge de sang qui en coule avec abondance. Ce suc est desséché au soleil jusqu'à ce qu'il se fendille et se divise en petits fragments. Alors on en remplit des boîtes de bois pour l'exportation. »

Bien antérieurement aux botanistes précédents, Roxburgh avait décrit le suc du *pterocarpus marsupium* et avait émis l'opinion qu'il ne différait pas du kino.

« Par les blessures de l'écorce, dit-il, il coule un suc rouge qui se solidifie à l'air en une gomme d'un rouge brun, très-friable, fournissant une poudre d'un brun clair comme celle du quinquina. Cette substance se dissout dans la bouche en développant une saveur purement astringente, aussi forte que celle de la gomme de *butea*, à laquelle elle ressemble beaucoup. Elle teint la salive, mais peu; la chaleur ne la fond pas.

» Ce suc astringent est presque entièrement soluble dans l'eau et dans l'alcool; les solutés sont d'un beau rouge foncé; le soluté alcoolique est plus transparent et paraît beaucoup moins astringent avec les sels de fer que celui fait avec l'eau. En cela ce suc diffère de la gomme du *butea* dont le soluté spiritueux, quoique moins parfait en apparence, est bien plus astringent que le soluté aqueux. Les deux solutés peuvent être mêlés sans décomposition. En résumé, cependant, cette substance est tellement semblable à la gomme de *butea* qu'une même analyse peut servir pour les deux.

» Le spécimen de l'arbre à la gomme kino, dans l'herbier de Banks, est parfaitement semblable au *pterocarpus marsupium*. Il est probable que c'est le même, ou un arbre très-voisin. » (Roxburgh, *Flora indica*, t. III, p. 234.)

En présence d'aussi grandes autorités, il est difficile de ne pas conclure que le *pterocarpus marsupium* produit le kino de l'Inde. Il existe cependant un fait contraire à cette conclusion: c'est que M. A. Gibson, attaché à l'établissement médical de Bombay, et qui cite lui-même « le *kino*, produit par le *pterocarpus marsupium*, » au nombre des produits astringents de la côte occidentale de l'Inde, ait envoyé à M. E. Solly, comme provenant de l'arbre ci-dessus, une substance tout à fait différente du kino de l'Inde. Cette substance, dont je dois un petit échantillon à M. Pereira, est sous forme d'une masse noirâtre, tenace, comme un peu molle, et possède un goût acidule, modérément astringent. Elle se dissout peu dans l'eau froide, et y laisse un résidu pateux, considérable et qui garde la forme des morceaux. Cette substance ressemble beaucoup au suc d'acacia d'Égypte. Est-ce par erreur qu'elle a été attribuée au *pterocarpus marsupium?* je suis porté à le croire; mais il est toujours singulier que Roxburgh ait donné, pour les sucs astringents du *butea frondosa* et du *pterocarpus marsupium*, une description semblable qui convient parfaitement au kino de l'Inde, et que les matières envoyées comme ayant été produites par ces deux arbres diffèrent complétement, non-seulement entre elles, mais encore du véritable kino.

Examen chimique du kino de l'Inde.—Il résulte d'un échantillon du kino analysé anciennement par Vauquelin, et qui avait été conservé par Robiquet, que ce kino est celui de l'Inde, de sorte que je ne puis mieux faire que de renvoyer au mémoire de ce chimiste, imprimé dans les *Annales de Chimie*, t. XLVI, p. 341. Je me bornerai à remarquer que les propriétés de ce kino, de même que celle des autres espèces, peuvent varier suivant leur ancienneté dans le commerce ou dans les pharmacies. Ainsi Roxburgh annonce que le suc du *pterocarpus marsupium* est presque entièrement soluble dans l'eau et l'alcool, et le kino que j'ai vu moi-même, récemment arrivé de l'Inde de 1815 à 1820, était d'une grande transparence, d'une couleur claire, et possédait une grande solubilité, même à froid, dans l'eau et l'alcool; mais depuis ce temps ce suc est devenu d'un rouge brun beaucoup plus foncé, d'une apparence opaque et d'une solubilité moins marquée.

Ce kino, de même que celui examiné par Vauquelin, laisse aujourd'hui beaucoup de matière insoluble dans l'eau froide (0,60 de son poid), et 0,20 seulement dans l'eau bouillante. La partie insoluble dans l'eau est presque entièrement soluble dans l'alcool. Ce même kino est beaucoup plus soluble à froid dans l'alcool que dans l'eau, et forme un liquide épais et d'un rouge brun foncé, qui filtre difficilement. Le résidu insoluble, bien épuisé par l'alcool, ne pèse que 0,19 (0,26 d'après Vauquelin), et constitue une gomme rouge soluble dans l'eau. Le kino entier incinéré produit 0,036 de cendre formée de carbonate de chaux, silice, alumine et peroxyde de fer.

N° 32. *Kino de l'île Maurice.*

J'ai reçu sous ce nom, de M. Pereira, un petit échantillon d'un kino qui offre les plus grands rapports avec celui de l'Inde. Il est en fragments du poids de 1 à 2 grammes, qui ont fait partie d'une masse plus considérable, dont la surface primitivement exposée à l'air est d'un brun terne, tandis que les surfaces produites par la fracture de la masse sont conchoïdes et très-brillantes. Ce kino paraît noir et opaque vu en masse, mais les éclats très-minces sont transparents et d'un rouge de rubis. Il est moins fragile que le kino de l'Inde, ce qui explique pourquoi il se conserve en fragments plus volumineux. Il paraît gommeux sous la dent et est pourvu d'une saveur très-astringente. Je lui trouve, lorsqu'on le respire dans le bocal qui le contient, une faible odeur animalisée, un peu analogue à celle de la colle de peau. Il m'a paru, de même que le kino de l'Inde, moins complétement soluble dans l'eau que dans l'alcool.

N° 33. *Fakaali de l'île Bourbon.*

M. Virey a décrit, dans le *Journal de Pharmacie* (t. XXI p. 127), deux sucs desséchés, apportés de l'île Bourbon sous le nom de *takaali* ou *fakaali*. L'un était très-sec et facile à diviser en petits fragments vitreux, transparents et d'un rouge de grenat; il était facilement soluble dans l'eau, avec laquelle il formait un soluté d'un rouge foncé.

Le second extrait avait la consistance de la poix noire, et se délayait facilement dans l'eau, avec laquelle il formait un mélange d'un jaune brunâtre; il était d'une saveur amère en même temps qu'astringente, et qui s'étendait jusqu'au pharynx, même lorsqu'on le goûtait légèrement.

M. Virey a pensé, en raison du rapport qui existe entre le nom donné à ces deux substances et celui de *tagale* ou *takale* que porte le manglier dans plusieurs des îles malaises et philippines, que ces deux extraits pouvaient être produits par deux espèces de *rhizophora*. Cette opinion me paraît fondée pour le premier de ces deux extraits, et probablement aussi pour le *kino de l'île Maurice* (qui me paraît être la même substance), parce que le manglier rouge (*rhizophora mangle*), qui croît tout aussi bien dans l'Inde qu'en Amérique, produit, dans cette dernière partie du monde, un extrait sec tout à fait semblable aux précédents, et qui sera décrit plus loin sous le nom de *kino de la Colombie*. Mais je regarde comme un suc tout à fait différent le *fakaali amer de Bourbon* dont j'ai dû un petit échantillon à M. Duprey (du Havre). Ce suc, tel que je l'ai, est entièrement desséché, et divisé en petits fragments anguleux d'un volume assez égal et un peu plus considérable que ceux du kino de l'Inde; il possède une saveur astringente accompagnée d'une amertume très-marquée et persistante, et suivie d'une âcreté sensible. Sa poudre a la couleur du colcothar; enfin il forme avec l'eau une liqueur trouble et d'un rouge de brique. Je ne puis former aucune conjecture sur le végétal qui produit ce dernier suc.

N° 34. *Suc astringent naturel de l'*eucalyptus resinifera (1).

Ce suc, qui n'est pas une résine comme pourrait le faire supposer le nom spécifique de l'arbre qui le produit, découle naturellement de l'arbre et se dessèche sur le tronc, à la manière d'une gomme; mais on en augmente tellement la quantité au moyen d'incisions faites à l'écorce, qu'un seul arbre, au dire du voyageur White, peut en fournir 60 gallons (227 litres). Tel qu'on le trouve naturellement desséché sur l'arbre, il est en masses très-irrégulières, dures, compactes, formées de petites larmes longues, contournées, agglutinées, et presque confondues ensemble. (Celui rapporté par M. Lesson formait une masse caverneuse, mélangée de débris d'écorce, qui ressemblait assez bien extérieurement à du machefer.) Il est noir et opaque à sa surface, mais l'intérieur est vitreux, transparent et d'un rouge foncé. Il est inodore, sauf une seule fois que je lui ai trouvé une légère odeur aromatique, due aux fruits de l'arbre dont il était accompagné; il possède une certaine ténacité, se pulvérise difficilement et donne une poudre d'un rouge brun; il s'attache aux dents et développe une saveur médiocrement astringente. Mis à macérer dans l'eau, il se gonfle et devient mou et gélatineux; il se dissout *complétement* dans l'eau bouillante, à cela près des parties ligneuses qu'il peut contenir; son dissoluté aqueux est précipité par l'alcool. Toutes ces propriétés indiquent que le suc d'*eucalyptus* résulte du mélange d'une gomme avec un suc rouge de la nature du kino; c'est ce mélange qui le rend plus tenace et moins astringent que le kino de l'Inde. Il n'en a pas moins été employé avec succès contre la diarrhée et la dysenterie.

---

(1) *Eucalyptus resinifera*, arbre d'une très-grande taille qui croît exclusivement, ainsi que tous ses congenères, à la Nouvelle-Hollande et à l'île Diemen. Il appartient à la famille des myrtacées et à la tribu des leptospermées. L'*eucalyptus robusta* est encore plus élevé, et est un des plus grands arbres connus, puisqu'il s'élève, sur un tronc de 8 à 11 mètres de circonférence, à une hauteur de 50 à 58 mètres.

N° 35. *Autre suc astringent de Sidney.*

M. Joubert, négociant français établi à Sidney, a rapporté de cette ville un suc qu'il pense avoir été recueilli sur un *eucalyptus*, mais sans doute sur une autre espèce que le *resinifera*. Cette substance est en petites larmes isolées, longues et étroites, transparentes et d'un rouge hyacinthe très-foncé, mais recouvertes d'une légère poussière jaunâtre, à la manière du mastic et de la sandaraque. Ce suc est d'une astringence extrême jointe à une amertume très-marquée. Ces caractères le distinguent suffisamment du précédent pour que j'aie dû en faire un article séparé.

N° 36. *Kino en masse de Botany-Bay.*

Kino de Murray (*Apparatus medic.*, t. VI, p. 203); *kino de Botany-Bay* de Duncan, *Edinburgh new dispensary*, 1830, p. 448. Je n'ai rencontré qu'une seule fois ce kino dans le commerce à Paris. Il est en morceaux qui ont dû faire partie d'une masse qui aurait été coulée dans un vase en forme de sébille, dont le fond était garni de bandes de feuilles de palmier; de telle sorte que la masse a pris la forme d'un pain rond, plat en dessus, convexe en dessous, épais de 4 à 6 centimètres au milieu, et aminci à la circonférence. Mais cette masse a été ensuite coupée en morceaux de 500 grammes environ, et plus tard encore ces morceaux complétement desséchés, fissurés et fatigués par le transport, se sont brisés en plus ou moins de parties.

Ce kino présente donc à la surface inférieure des gros morceaux une couche de bandes de feuilles de palmier, affectant la forme arrondie du vase, et souvent, au milieu de la masse, des lanières étroites du pétiole aiguillonné des mêmes feuilles. La surface des morceaux qui a vieilli à l'air est souvent recouverte d'une sorte d'efflorescence qui lui donne la couleur grise un peu violacée du lak-dye; d'autres fois le frottement réciproque des morceaux les recouvre d'une poussière d'un rouge brun, ce qui est aussi la couleur de la poudre; mais une fracture récente est toujours brillante et d'un brun noir. La substance fracturée n'est cependant ni vitreuse ni transparente ; elle est au contraire opaque, *inégale* et rude au toucher, comme le produirait une poudre sablonneuse mélangée a la masse. Ce kino se broie facilement sous la dent, sans être ni pâteux ni sablonneux, et développe une saveur astringente médiocre. Il est inodore. Il paraît se dissoudre complétement dans l'eau, et forme une liqueur rouge très-foncée, mucilagineuse et se troublant par l'alcool. La liqueur évaporée à siccité se détache en écailles très-fragiles et faciles à détacher, comme un suc gommeux desséché. L'extrait sec pèse autant que le kino employé, et il reste en plus 2 pour 100 d'un résidu insoluble dans l'alcool.

Lorsqu'on traite ce kino par l'alcool d'abord, il paraît se dissoudre en grande partie; mais les liqueurs, réunies et conservées pendant quelque temps, laissent déposer une substance rouge, brune et grenue, qui se dissout à l'instant dans l'eau. La liqueur alcoolique filtrée de nouveau et évaporée fournit 55,6 pour 100 d'extrait. Le dépôt formé dans l'alcool, réuni au résidu insoluble, pèse 47 pour 100, total : 102,6. Ces résultats concordent tellement avec les caractères du suc naturel de l'*eucalyptus resinifera*, que je ne doute pas que le kino qui les présente ne soit un produit artificiel obtenu, à une certaine époque, par l'évaporation du suc provenant d'incisions faites à ce même arbre ; mais d'après le docteur Thompson, il n'en serait pas arrivé dans le commerce depuis l'année 1810 environ.

N° 37. *Kino de la Jamaïque.*

Si le lieu d'origine indiqué par ce nom est exact, ce kino serait extrait du *coccoloba uvifera*, grand et bel arbre à bois très-dur et de la famille des polygonées, qui croît aux Antilles. Ses fruits sont disposés en grappes, de la grosseur d'une petite cerise, rouges et d'une saveur aigrelette. Son bois est rougeâtre, et fournit par décoction dans l'eau un extrait qui doit faire partie des kinos du commerce, et qui est très-probablement celui qui fait le sujet de cet article; mais j'en ai deux qualités que je vais décrire séparément.

Kino Jamaïque A. Ce kino est le premier que j'aie connu, et autant que je me le rappelle, le seul qui existât dans le commerce français de 1808 à 1820. Il est en fragments de 4 à 12 grammes, provenant d'une masse qui a dû être coulée sur une natte d'écorce, et sur une épaisseur de 28 millimètres au plus; car un certain nombre de morceaux portent l'empreinte d'un réseau rectangulaire qui paraît dû à une natte d'écorce, et aucun morceau n'offre une épaisseur plus grande que 28 millimètres. L'extérieur est d'un brun foncé, devenant rougeâtre par la poussière qui le recouvre. La cassure est noire, brillante; un peu inégale, et offre çà et là quelques petites cavités; quelques lamelles très-minces qui s'en détachent paraissent jouir d'une demi-transparence, mais la masse est complétement opaque. La poudre est d'une couleur de bistre ou de chocolat. Ce kino paraît inodore; mais lorsqu'on le pulvérise ou qu'on le traite par l'eau bouillante, il offre une légère odeur bitumineuse. Il se pulvérise facilement sous la dent, et présente une saveur astringente et un peu amère. Il est peu soluble à froid dans l'eau et dans l'alcool; mais il se dissout presque entièrement dans l'eau bouillante, et aux trois quarts dans l'alcool chaud. Il ne se ramollit pas par la chaleur.

Ayant une fois transmis cette sorte de kino à M. J. Pereira, à Londres, un de ses amis qui avait été médecin à la Jamaïque la reconnut pour être le kino préparé dans cette île avec le *coccoloba uvifera*. C'est également le *troisième kino en extrait* de Duncan (*Edinb. new. disp.*, p. 489), auquel le docteur Wright attribue la même origine; de sorte que, après beaucoup d'hésitation, je me suis arrêté à cet avis.

Kino Jamaïque B. Je n'ai trouvé qu'une fois ce kino chez un droguiste à Paris. Il est en fragments semblables au précédent, mais moins volumineux et sans aucune espèce d'empreinte. Il a dû être un peu mou, et la surface des fragments s'est un peu arrondie avec le temps; il a une cassure tout à fait vitreuse et ses lames minces sont entièrement transparentes et d'un rouge foncé. La poussière qui se forme à la surface, par le frottement des morceaux, est d'un rouge plus prononcé et lui donne presque l'aspect de l'extrait de ratanhia du Pérou. Je pense que ce kino ne diffère du précédent que par une préparation plus soignée.

N° 38. *Kino brun terne.*

Ce kino est en fragments plus considérables que les deux précédents, et que l'on dirait quelquefois avoir fait partie de masses cubiques de 35 à 40 millimètres de côté. Il n'offre aucune espèce d'empreinte à l'extérieur; il est d'un brun terne, tirant un peu sur la couleur du foie et est d'une opacité complète. Il a une saveur astringente désagréable et accompagnée d'un goût de fumée. Ce kino a beaucoup de rapports avec le kino de la Jamaïque, dont il n'est peut-être qu'une qualité très-inférieure.

N° 39. *Kino brun violacé.*

Cette substance est en masses d'un brun noirâtre, opaques, à cassure brillante mais inégale, friables, et donnant une poudre d'un rouge brun *violacé* très-foncé. Il a une odeur d'aigre et une saveur astringente d'abord, puis douceâtre et tenant un peu de celle de la réglisse, enfin devenant d'une âcreté très-marquée.

N° 40. *Kino celluleux du Mexique.*

Ce kino est sous la forme de fragments dont les plus considérables ont le volume d'une noisette, et dont quelques-uns gardent l'empreinte d'une feuille à fibres parallèles qui a dû envelopper la masse de laquelle ils sont provenus. Il est complétement criblé de petites cellules, comme un extrait qui ayant été trop chauffé à la fin de son évaporation, s'est boursouflé par la réduction en vapeur des dernières portions d'eau; aussi est-il très-léger, très-friable, et à cassure très-brillante. Il est d'un brun noirâtre et donne une poudre couleur de rouille de fer. Ce kino, à part sa forme particulière, a beaucoup d'analogie avec le kino Jamaïque ordinaire.

N° 41. *Kino noir et à poussière verdâtre.*

Cette substance, dont j'ignore l'origine, est en fragments provenant de petites masses à surface très-irrégulière et caverneuse. La surface primitive et ses parties caverneuses sont couvertes d'une poussière grise verdâtre. La matière est compacte, noire et opaque, vue en masse. Cependant la cassure en est vitreuse, et les lamelles qui s'en détachent sont d'un rouge hyacinthe foncé et presque transparentes. La saveur est très-astringente et amère avec un goût un peu aromatique.

N° 42. *Kino de la Colombie.*

En 1835, un droguiste de Paris me consulta sur l'achat d'une quantité assez considérable d'un suc desséché qui avait été apporté de Colombie comme étant du *sangdragon*, mais que sa solubilité dans l'eau et sa saveur astringente faisaient facilement distinguer de cette substance. Trouvant à ce suc desséché toutes les propriétés du kino de l'Inde, je conseillai au droguiste de l'acheter et de le vendre comme kino. J'ignorais cependant l'origine précise de cette substance lorsque, quelques années plus tard, un négociant français (M. Anthoine) en rapporta une nouvelle quantité complétement identique à la première, et m'assura que la totalité avait été préparée par lui-même dans un établissement situé près de la rivière d'Arco, à l'ouest du golfe Triste, dans la Colombie; il me dit avoir obtenu cette matière en faisant des incisions à l'écorce des mangliers ou palétuviers (*rhizophora mangle*) qui sont très-communs sur toute cette côte, et en faisant concentrer au soleil le suc rouge et très-abondant qui en découle. Cette origine me paraît donc tout à fait certaine.

Ce kino est sous la forme de pains aplatis, du poids de 1,000 à 1,500 grammes, et qui gardent à l'extérieur l'empreinte d'une feuille de palmier ou de canne d'Inde. Il est recouvert d'une poussière rouge qui lui donne l'aspect d'un sangdragon commun; il se divise très-facilement en fragments irréguliers, à cassure brune, brillante et inégale. Les fragments sont transparents sur les bords et d'un rouge un peu jaunâtre. La saveur est très-astringente et amère; la poudre est d'un rouge orangé. Ce kino présente en masse une odeur faible et indéfinissable, mais qui peut le faire reconnaître; il est en grande partie soluble dans l'eau froide, plus soluble encore dans l'eau bouillante qui se trouble en refroidissant, presque complétement soluble dans l'alcool. Tous les solutés sont d'une belle couleur rouge.

Le kino de la Colombie étant dissous par infusion dans l'eau, concentré en consistance sirupeuse et desséché à l'étuve sur des assiettes, fournit un extrait d'un rouge très-foncé, brillant et fragile, qui ne se distingue du véritable kino de l'Inde que par l'absence des cannelures parallèles que l'on observe sur un certain nombre de fragments de celui-ci.

N° 43. *Kino à feuilles de balisier.*

Je doute à peine que cette substance ne vienne de la Colombie, comme la précédente, à cause de son entourage de feuilles de balisier ou de *maranta*, que l'on retrouve dans un grand nombre de produits originaires de cette contrée. Elle est en pains à peu près ronds et aplatis, larges de 12 à 14 centimètres, épais de 2 à 3, qui ont été formés en coulant un extrait chaud et consistant sur une feuille de *maranta*, laquelle y reste attachée par-dessous. Cet extrait est d'un brun presque noir, opaque, un peu celluleux dans son intérieur, d'une saveur astringente. Respiré en masse, il présente une odeur très-faible, différente de celle du kino précédent.

N° 44. *Kino de New-York* ou *du Brésil.*

Ce kino a été apporté de New-York en 1837. Il était contenu dans un sac de toile étiqueté *sangdragon*, et ce sac était renfermé dans une balle d'ipécacuanha gris du Brésil, dont le kino a conservé l'odeur très-longtemps; mais maintenant je lui trouve une odeur presque semblable à celle du kino de la Colombie (n° 42). Il a été brisé, par le transport probablement, en fragments anguleux généralement fort petits, et dont les plus gros n'atteignent pas la grosseur du pouce. Il est recouvert d'une poussière rouge terne; mais la cassure en est noire et très-brillante, et les petites lamelles qui s'en détachent sont rouges et transparentes. L'absence totale de bulles d'air dans l'intérieur des fragments, et la forme arrondie, mamelonnée ou stalactiforme de quelques gros fragments qui n'ont été qu'en partie brisés, me portent à croire que cette substance est un produit d'exsudation naturelle. Et comme d'ailleurs elle présente tous les caractères du kino de la Colombie, je pense qu'elle peut être attribuée également au *rhizophora mangle*.

Le kino de New-York, traité par l'alcool à 90 degrés, ne laisse que 9,8 pour 100 de matière insoluble. La dissolution est d'un rouge brun très-foncé, *épaisse*, et filtre très-difficilement. Traité par l'eau, il donne seulement moitié de son poids d'extrait et laisse un peu moins de résidu qui est presque complétement soluble dans l'alcool. On voit que ces propriétés sont celles du kino de la Colombie et du kino de l'Inde.

N° 45. *Kino de la Vera-Cruz.*

Cette substance a été apportée de la Vera-Cruz en 1837. Elle est en fragments généralement plus petits que la semence de psyllium, mélangés de beaucoup de poussière rouge et de débris atténués d'une écorce blanchâtre. Elle possède une saveur très-astringente et une odeur d'iris ou de campêche très-marquée. Les petits fragments, examinés à la loupe, sont presque transparents, d'un rouge hyacinthe, et paraissent tous avoir fait partie de petites larmes arrondies ou stalactiformes; de sorte que cette matière est très-certainement un produit d'exsudation naturelle.

Le kino de la Vera-Cruz ne se dissout qu'en partie dans l'eau froide. La liqueur est rouge et présente les réactions suivantes:

Alcool; pas de précipité.

Eau de chaux; précipité lie de vin.

Potasse caustique; liqueur rouge foncée, transparente. Le lendemain on la trouve prise en gelée.

Acide nitrique; précipité abondant, orangé rouge.

Nitrate de baryte; précipité rougeâtre.

Oxalate d'ammoniaque; précipité rougeâtre abondant.

Alun; couleur de vin paillé; en ajoutant de l'ammoniaque, on forme un précipité lie de vin pâle.

Gélatine; précipité rougeâtre abondant.

Sulfate de fer; précipité vert noirâtre, passant au bleu noir par l'eau aérée.

Acétate de plomb; précipité gris rosé très-abondant.

Sous-acétate de plomb; précipité gris rougeâtre sale.

L'odeur d'iris très-marquée que présente le kino de la Vera-

Cruz aurait pu faire croire qu'il a été produit par un *hæmatoxylum* ou un *cœsalpinia;* mais les caractères précédents, qui sont à peu près ceux des autres kinos, et qui n'ont aucun rapport avec ceux des solutés de bois de campêche et de bois de Sainte-Marthe, sont tout à fait opposés à cette supposition.

Ainsi que je l'ai dit, au commencement de ce mémoire, le temps m'a manqué pour soumettre un aussi grand nombre de matières à un examen chimique plus complet. Je me suis donc borné forcément à en donner une description plus détaillée et plus complète qu'on ne l'a fait jusqu'ici, et à en faire connaître l'origine, autant que cela m'a été possible. Le tableau suivant résumera les résultats auxquels je suis parvenu.

ÉNUMÉRATION

DES CACHOUS, GAMBIRS ET KINOS.

Premier groupe : CACHOUS.

PREMIÈRE SECTION : Cachous de l'*areca catechu.*

1. Cachou en boules terne et rougeâtre; *Coury* (Hist. Dr., n° 988) (1).
2. — brun noirâtre, orbiculaire et plat de Ceylan; *kassu.*
3. — brun noirâtre amylacé.
   A. plat (H. Dr., 989). } Kassu altéré.
   B. intermédiaire. }
4. Faux cachou orbiculaire et plat, formé d'une pâte amylacée.

DEUXIÈME SECTION : Cachous de l'*acacia catechu.*

5. Cachou terne et parallélipipède ou *en écorce d'arbre* (H. Dr., 990).
6. — blanc enfumé ou *katha suffaed* (H. Dr., 996).
7. — brun rouge polymorphe.
8. — brun en gros pains parallélipipèdes.
9. — brun siliceux (H. Dr., 992).
10. Extrait de cachou brun siliceux.
11. Cachou noir mucilagineux (H. Dr., 991).

---

(1) Ce numéro indique l'article de l'*Histoire abrégée des drogues simples* (3e édition), où il est traité de la substance. On peut y recourir pour les caractères de la substance, mais non pour l'origine qui peut s'y trouver mal indiquée.

TROISIÈME SECTION : Cachous de Pégu ou cashcuttie.

12. Cachou de Pégu en masses (H. Dr., 997).
13. — — lenticulaire.
14. — — en boules.
15. — de Siam en masses coniques.

Deuxième groupe : GAMBIRS.

PREMIÈRE SECTION : Gambirs primitifs.

16 Gambir cubique clair de Singapore (H Dr., 995).
17. — rectangulaire allongé.
18. — plat rectangulaire.
19. — en aiguilles, de Singapore.
20. — brun hémisphérique (H. Dr., 993).
21. — brun terne celluleux.
22,A. — cubique noirâtre de Singapore.
22,B. — brun noirâtre en très-petits cubes, de Java.
23. — cubique amylacé (H. Dr. 994).

DEUXIÈME SECTION : Trochisques à base de gambir.

24. Trochisques de Gambir amylacé (*amylaceous lozenge Gambir*, PEREIRA).
25. Gambir aromatique cylindrique (*cylindrical gambir*, PEREIRA).
26. Cata Gambra du Japon (du Muséum de Paris).
27. Gambir circulaire estampé (*small circular moulded gambir*, PEREIRA).

Troisième groupe : KINOS.

PREMIÈRE SECTION : Kinos d'Afrique et d'Asie.

28. Suc astringent du *pterocarpus erinaceus* (de la Sénégambie).
29. — du *butea frondosa*, d'après Roxburgh.
30. Gomme astringente naturelle du *butea frondosa* (H. Dr., 999).
31. Kino de l'Inde orientale, du *pterocarpus marsupium*.
32. — de l'île Maurice, d'un *rhizophora*.
33. Facaali amer de Bourbon.
34. Suc astringent naturel de l'*eucalyptus resinifera* (H. Dr., 1006).
35. Autre suc astringent de Sidney.
36. Kino en masse de Botany-Bay.

DEUXIÈME SECTION : Kinos d'Amérique.

37,A. Kino de la Jamaïque ordinaire (H. Dr., 1001).
37,B. — — vitreux (H. Dr., 1002).
38. — brun terne (H. Dr., 1005).
39. — brun violacé (H. Dr., 1005).
40. — celluleux du Mexique.
41. — noir, à poussière verdâtre.
42. — de la Colombie, du *rhizophora mangle* (H. Dr., 1004).
43. — à feuille de balisier.
44. — de New-York ou du Brésil.
45. — naturel de la Vera-Cruz.
46. Extrait de ratanhia du Pérou.

APPENDICE. — Extraits astringents n'offrant qu'un rapport éloigné avec les produits précédents.

1. Extrait sucré et astringent de l'Amérique méridionale.
— — A. trouvé à la douane du Havre.
— — B. venu de Rio-Janeiro.
— — C. venu de Buenos-Ayres (1).
2. Autre extrait astringent d'Amérique, en vessie.
3. Extrait de buranhem du Brésil, du *chrysophyllum glycyphlœum*, ou *monesia*.
4. Suc d'acacia d'Egypte, de l'*acacia vera*.
5. Ruzot. Extrait des *berberis aristata*, *lycium* et autres.

---

(1) Voyez *Journal de Pharmacie* de 1842, p. 322 et 322.

PARIS. — IMPRIMERIE DE FAIN ET THUNOT,
Rue Racine, 28, près de l'Odéon.

www.ingramcontent.com/pod-product-compliance
Ingram Content Group UK Ltd.
Pitfield, Milton Keynes, MK11 3LW, UK
UKHW031936260826
14628UKWH00004B/1667

9 782011 910714